LOS ESTOICOS

# BOECIO

## DE LA CONSOLACIÓN
## POR LA FILOSOFÍA

Prólogo y Notas
de
JUAN BAUTISTA BERGUA

Presentado por
Manuel Fernández de la Cueva
Profesor de Filosofía

Colección **La Crítica Literaria**
www.LaCriticaLiteraria.com

Copyright del texto: ©2010 J. Bergua
Ediciones Ibéricas - Clásicos Bergua - Librería-Editorial Bergua
Madrid (España)

Copyright de esta edición: ©2010 LaCriticaLiteraria.com
Colección La Crítica Literaria
www.LaCriticaLiteraria.com
ISBN: 978-84-7083-144-7


Ediciones Ibéricas - LaCriticaLiteraria.com
Calle Ferraz, 26
28008 Madrid
www.EdicionesIbericas.es
www.LaCriticaLiteraria.com

Impreso por LSI

# CONTENIDOS

# EL CRÍTICO - JUAN BAUTISTA BERGUA

Juan Bautista Bergua nació en España en 1892. Ya desde joven sobresalió por su capacidad para el estudio y su determinación para el trabajo. A los 16 años empezó la universidad y obtuvo el título de abogado en tan sólo dos años. Fascinado por los idiomas, en especial los clásicos, latín y griego, llegó a convertirse en un célebre crítico literario, traductor de una gran colección de obras de la literatura clásica y en un especialista en filosofía y religiones del mundo. A lo largo de su extraordinaria vida tradujo por primera vez al español las más importantes obras de la antigüedad, además de ser autor de numerosos títulos propios.

## SU LIBRERÍA, LA EDITORIAL Y LA "GENERACIÓN DEL 27"

Juan B. Bergua fundó la Librería-Editorial Bergua en 1927, luego Ediciones Ibéricas y Clásicos Bergua. Quiso que la lectura de España dejara de ser una afición elitista. Publicó títulos importantes a precios asequibles a todos, entre otros, los diálogos de Platón, las obras de Darwin, Sócrates, Pitágoras, Séneca, Descartes, Voltaire, Erasmo de Rotterdam, Nietzsche, Kant y las poemas épicos de La Ilíada, La Odisea y La Eneida. Se atrevió con colecciones de las grandes obras eróticas, filosóficas, políticas, y la literatura y poesía castellana. Su librería fue un epicentro cultural para los aficionados a literatura, y sus compañeros fueron conocidos autores y poetas como Valle-Inclán, Machado y los de la Generación del 27.

## EL PARTIDO COMUNISTA LIBRE ESPAÑOL
## Y LAS AMENAZAS DE LA IZQUIERDA

Poco antes de la Guerra Civil Española, en los años 30, Juan B. Bergua publicó varios títulos sobre el comunismo. El éxito, mucho mayor de lo esperado, le llevó a fundar el Partido Comunista Libre Español que llegaría a tener mas de 12.000 afiliados, superando en número al Partido Comunista prosoviético oficial existente. Su carrera política no duró mucho después que estos últimos le amenazaran de muerte viéndose obligado a esconderse en Getafe.

## LA CENSURA, QUEMA DE LIBROS
## Y SENTENCIA DE MUERTE DE LA DERECHA

Juan B. Bergua ofreció a la sociedad española la oportunidad de conocer otras culturas, la literatura universal y las religiones del mundo, algo peligrosamente progresivo durante la dictadura de Franco, época reacia a cualquier ideología en desacuerdo con la iglesia católica.

En el 1936 el ejército nacionalista de General Franco llegó hasta Getafe, donde Bergua tenía los almacenes de la editorial. Fue capturado, encarcelado y sentenciado a muerte por los Falangistas, la extrema derecha.

Mientras estuvo en la cárcel temiendo su fusilamiento, los falangistas quemaron miles de libros de sus almacenes por encontrarlos contradictorios a la Censura, todas las existencias de las colecciones de la Historia de Las Religiones y la Mitología Universal, los libros sagrados de los muertos de los Egipcios y Tibetanos, las traducciones de El Corán, El Avesta de Zoroastrismo, Los Vedas (hinduismo), las enseñanzas de Confucio y El Mito de Jesús de Georg Brandes, entre otros.

Aparte de los libros religiosos y políticos, los falangistas quemaron otras colecciones como Los Grandes Hitos Del Pensamiento. Ardieron 40.000 ejemplares de La Crítica de la Razón Pura de Kant, y miles de libros más de la filosofía y la literatura clásica universal. La pérdida de su negocio fue un golpe tremendo, el fin de tantos esfuerzos y el sustento para él y su familia... fue una gran pérdida también para el pueblo español.

### Protegido por General Mola y exiliado a Francia

Cuando General Emilio Mola, jefe del Ejército del Norte nacionalista y gran amigo de Bergua, recibe el telegrama de su detención en Getafe intercede inmediatamente para evitar su fusilamiento. Le fue alternando en cárceles según el peligro en cada momento. No hay que olvidar que durante la guerra civil, los falangistas iban a buscar a los "rojos peligrosos" a las cárceles, o a sus casas, y los llevaban en camiones a las afueras de las ciudades para fusilarlos.

¿El General y "El Rojo"? Su amistad venia de cuando Mola había sido Director General de Seguridad antes de la guerra civil. En 1931, tras la proclamación de la Segunda República, Mola se refugió durante casi tres meses en casa de Bergua y para solventar sus dificultades económicas Bergua publicó sus memorias. Mola fue encarcelado, pero en 1934 regresó al ejército nacionalista y en 1936 encabezó el golpe de estado contra la República que dio origen a la Guerra Civil Española. Mola fue nombrado jefe del Ejército del Norte de España, mientras Franco controlaba el Sur.

Tras la muerte de Mola en 1937, su coronel ayudante dio a Bergua un salvoconducto con el que pudo escapar a Francia. Allí siguió traduciendo y escribiendo sus libros y comentarios. En 1959, después de 22 años de exilio, el escritor regresó a España y a sus 65 años comenzó a publicar de nuevo hasta su fallecimiento en 1991. Juan Bautista Bergua llegó a su fin casi centenario.

Escritor, traductor y maestro de la literatura clásica, todas sus traducciones están acompañadas de extensas y exhaustivas anotaciones referentes a la obra original. Gracias a su dedicado esfuerzo y su cuidado en los detalles, nos sumerge con su prosa clara y su perspicaz sentido del humor en las grandes obras de la literatura universal con prólogos y notas fundamentales para su entendimiento y disfrute.

*Cultura unde abiit, libertas nunquam redit.*
Donde no hay cultura, la libertad no existe.

El Editor

# PRESENTACIÓN

La presente traducción del libro *"De la consolación por la filosofía"* de Boecio fue hecha por Esteban Manuel de Villegas (1596-1669) –poeta que vivió durante el Siglo de Oro- y por Fray Alberto de Aguayo (1469-1530) –teólogo dominico que hizo una de las primeras traducciones de Boecio-.

Originariamente este libro de Boecio se publicó en un solo volumen titulado *"Los Estoicos"*, compuesto por las *"Máximas"* de Epicteto y los *"Pensamientos"* de Marco Aurelio. Del citado volumen se hicieron dos ediciones en 1934 y 1935 respectivamente. *"De la consolación por la filosofía"* se compone de cinco libros. Toda la traducción que se publica en las mencionadas ediciones es la que hace Esteban Manuel de Villegas de los cuatro primeros libros y del quinto libro hasta el apartado "Metro II", es decir que, desde el apartado titulado "Prosa III" hasta el final del quinto libro, se presenta con la traducción de Fray Alberto de Aguayo.

Respetando las ediciones y el deseo de J.B. Bergua sólo se han hecho correcciones formales –como son ciertas erratas, cambios de nombres, cambio de acentuación de las palabras, etc.-.

Boecio nace en Roma en el año 470 y muere en el 524, aproximadamente. Se sabe que estudió en Atenas y que hizo traducciones de algunos libros de Aristóteles. Su obra *"De la consolación por la filosofía"* fue escrita en prisión y se compone de cinco libros de diferente extensión. Los libros están escritos en forma de diálogo y utiliza tanto la prosa como el verso. Los interlocutores son; la Filosofía, la Fortuna, la Música, la Retórica y el mismo Boecio. El contenido de estos libros es diverso; justifica la existencia de Dios, el sentido de la vida ética del hombre, el problema del bien y del mal, etc., en última instancia es una apología de sentido de la vida cristiana. Sorprende la profundidad de sus razonamientos y argumentos.

Madrid, abril de 2010
Manuel Fernández de la Cueva
Profesor de Filosofía

# PRÓLOGO

## LOS ESTOICOS

El simple sentido de la palabra "estoicismo", que evoca al pronunciarla la idea de una virtud austera y tal vez altiva, lleva como de la mano a derivar esta doctrina filosófica, esta verdadera y admirable moral, de la anterior. El fundador de esta nueva tendencia filosófica, de esta fecunda rama moral, acodo del árbol anterior, pero pronto enraizada y frondosa por cuenta propia, fue Zenón, natural de Kitión, en la isla de Chipre (326-246), que estableció su escuela en cierta galería pública de Atenas, decorada con hermosas pinturas (stoa poikile). En esta stoa (galería), de donde la escuela tomó el nombre de estoica y estoicos sus partidarios, empezó a dar a conocer Zenón sus doctrinas, hacia el año 300.

Zenón había sido discípulo y gran admirador del cínico Crates; también estudió a los platónicos y a los megarenses, y con lo que creyó mejor de todos ellos, con la pureza de las doctrinas de Sócrates y de sus discípulos y lo que de nuevo, viril y enérgico había en las enseñanzas de los cínicos, compuso sus doctrinas, que tendían a establecer una moral práctica y a enseñar a los hombres, no tan sólo por la palabra, sino muy principalmente mediante el ejemplo. Es decir, que mientras en la Física restauró el materialismo dinámico de Heráclito, en la Ética se adhirió al Cinismo, llevando el fin del propio contentamiento, propuesto por éste, hasta la exigencia de un vencimiento completo de los afectos todos. «Los estoicos-dice Condorcet-hicieron consistir la virtud y la felicidad en la posesión de un alma insensible lo mismo al placer que al dolor, libre de todas las pasiones, superior a todos los temores, no reconociendo otro bien más real que la virtud ni otro mal real que el remordimiento. Creían que el hombre tiene sobrado poder para remontarse a tal altura con tal de poseer una voluntad firme y constante; y que así, independientemente de la fortuna y dueño siempre de sí mismo llega a ser inaccesible al vicio y a la desgracia. Según ellos, un espíritu único anima al mundo y está presente en todas partes, si no es que él mismo lo sea todo y que exista otra cosa que no sea él. Las almas humanas son sus emanaciones. La del sabio que no ha mancillado la pureza de su origen va a reunirse en el instante de la muerte a ese espíritu universal. La muerte sería, pues, un bien si para el sabio sometido a las leyes de la Naturaleza y abroquelado contra todo lo que el vulgo llama males, no hubiera más grandeza que considerarla como una cosa indiferente.»

Esta verdadera filosofía moral y la pureza y serenidad de su vida, que jamás contradijo sus doctrinas, valieron a Zenón tal nombradía, que, aunque no era ciudadano ateniense ni adquirió jamás tal derecho, recibió en su patria adoptiva los más grandes honores: dos reyes griegos sostuvieron correspondencia con él, y a su muerte fue enterrado con toda pompa y solemnidad a expensas de la República, que aún publicó un decreto proclamando que merecía el bien de todos por su mucha sabiduría y elevada categoría moral.

Es decir, que de manos de Zenón salió la escuela cínica fortalecida, mejorada, purificada (en su tratado *"Sobre la República"* tomó también de los cínicos el ideal cosmopolita de la vida común de los hombres todos sobre la base de un derecho racional) y su mucha sabiduría y virtud contribuyeron a difundir su estoicismo primero por Grecia y luego por Italia.

Los principales discípulos de Zenón fueron Perseo de Kitión, autor de un tratado *"Sobre los dioses"*; Cleante de Assos, en la Tróade, que para subvenir a sus necesidades personales sacaba, de noche, agua de los pozos para regar con ella los jardines de sus clientes, y que, a la muerte de su maestro, tomó la dirección de la escuela (se conoce de él un celebradísimo himno a Zeus, lleno de solemne piedad), y Crisipo de Soles (Cilicia), nacido el año 280 y considerado como el segundo fundador de la secta, como verdadero pilar del Pórtico. Éste, el más profundo representante del estoicismo, iniciado en las discrepantes enseñanzas de Aristón de Quíos, Dionisio de Heraclea y Herrilos de Cartago, previno la división de la escuela en sectas. Personalmente era un hombre pequeñito, sumamente locuaz y escritor tan fecundo, que dejó 705 obras de lectura fatigosa, pero llenas de erudición y de citas de otros autores. Fue el verdadero constructor de la doctrina estoica, especialmente en la lógica (sus tratados *"Sobre el alma"* y *"Sobre los afectos"* nos son mejor conocidos que los demás debidos a su pluma, gracias a los compendios de Galeno), y fundó, como con razón se ha dicho, una especie de escolasticismo estoico cuya influencia se hizo sentir durante varios siglos.

Diógenes de Babilonia (hacia el 240-152) rindió homenaje, en su libro *"Sobre Minerva"*, a la explicación alegórica de los mitos, propia de la escuela. De él nos ha conservado algunos fragmentos interesantes Filodemo, en su tratado *"Sobre la música"*.

Más moderado y conciliador que la generalidad de los estoicos, fue pese a comulgar también en esta doctrina, Panecio de Rodas, que en Roma trabó amistad con Escipión Emiliano, el destructor de Cartago, y le acompañó en sus embajadas al Egipto y en Asia. Luego dirigió la Escuela de Atenas, en donde murió hacia el año 112. A él fue debido el que muchos romanos ilustres entrasen en el círculo del pensamiento griego y el que la dureza del mundo de entonces adquiriese cierta blandura gracias a su aproximación a las doctrinas socráticas y a su acomodamiento a las necesidades de la vida práctica. Su *"Tratado de los deberes"* sirvió de modelo al libro de Cicerón del mismo título, y su teoría política no sólo fue adoptada por Polibio, sino que, a través de Cicerón, influyó en el bosquejo que hizo Montesquieu de la monarquía constitucional.

Es decir, que Panecio fue el fundador de la segunda escuela estoica, escuela que suavizó el rigor de la primera gracias a lo que tomó de otras doctrinas, especialmente de las socráticas a través de los platonianos.

Su discípulo Posidonio de Apamea, en Siria (hacia 135-51), fundó en Rodas una escuela, donde Cicerón escuchó sus enseñanzas. Pompeyo le honró también visitándole dos veces. Luego de haber viajado mucho, especialmente por nuestra patria y por las Galias, acabó estableciéndose en Roma, donde murió después de haber entablado amistad con los hombres más ilustres de esta ciudad, como los citados Cicerón, Pompeyo y Mario. Hombre de enorme erudición y de envergadura enciclopédica, dejó una obra inmensa, de la que tan sólo nos ha quedado el eco a través de la multitud de escritos de autores antiguos que se inspiraron y tomaron cuanto les plugo en tan copiosa y rica fuente. Su doctrina estoica está aún más próxima de las ideas platonianas (tomó de él, entre otras cosas, su preferencia por la psicología dualista) que la de Panecio; también aceptó muchas de las enseñanzas de Pitágoras y de Aristóteles.

Entre los estoicos griegos que enseñaron en Roma, uno de los más notables fue Cornuto, maestro y amigo de Persio, quien sentía por él tal admiración, que le comparaba a Sócrates; fue desterrado por Nerón; y el más ilustre de los estoicos romanos, Séneca, verdadero representante, en unión de Musonio Rufo, del estoicismo romano (que, como dice S. Reinach, subió al trono con Nerva y fue la religión de los emperadores hasta la muerte de Marco Aurelio), hasta el advenimiento de Epicteto. Y es que, como dijo Renán con aguda clarividencia: «Dueños del Imperio los estoicos, le reformaron con sus doctrinas y fueron los dirigentes de los más bellos años de la historia de la Humanidad».

## BOECIO

Anicio Manlio Torcuato Severino Boecio, varón consular y senador romano, fue uno de los hombres más célebres del siglo VI. Los nombres de Anicio y de Manlio Torcuato manifiestan la antigüedad y nobleza de su familia. No es fácil fijar el año en que nació; pero de unos versos del libro I de la Consolación[1] se deduce no era viejo todavía cuando le dieron muerte, el año 524, y se hace probable nació poco antes o después del 470.

Hallábase por este mismo tiempo el Imperio de Occidente próximo a su total ruina. Orestes, general de las Galias, ahuyentando de Roma al emperador Julio Nepote, había hecho proclamar a Rómulo, por sobrenombre Augústulo, príncipe despreciable, con el cual dio fin el Imperio. Los bárbaros, de que estaban llenas las provincias, y los ejércitos imperiales, pretendieron que les perteneciera la mitad de las tierras de Italia. Contradijo su pretensión Orestes; y habiendo ellos nombrado por caudillo suyo a Odoacro, acometió primero a Orestes, sitiándole en Pavía, y entrada y saqueada la ciudad, le hizo dar muerte. Pasó después a Rávena, y despojando a Augústulo de la púrpura, cayó al fin bajo el dominio de los bárbaros, el año 476, todo el Imperio Occidental.

Aunque sin obstáculo alguno hubiera podido ceñirse Odoacro la diadema, se reconoció al principio súbdito del emperador de Oriente, que entonces lo era Zenón; pero después se tituló rey de Italia, y Zenón se vio obligado a disimular, a lo menos por algún tiempo. Bajo el dominio de Odoacro gozó la Italia por espacio de doce años paz y reposo; pues, aunque bárbaro y arriano, fue príncipe justo y clemente; mas, pasado este tiempo, Teodorico, rey de los ostrogodos, o a persuasión, como dicen algunos, o sólo con el permiso del emperador Zenón, como aseguran otros, le declaró la guerra. Estaban los ostrogodos por entonces a sueldo del emperador de Oriente, y Teodorico residía en Constantinopla, muy favorecido de Zenón, que le confirió la dignidad de cónsul y le hizo erigir una estatua. Entretanto, los ostrogodos, quejándose de la miseria en que vivían por no poderse entregar al robo mediante los pactos hechos con el emperador, enviaron a Teodorico una embajada, requiriéndole se volviese a ellos y diese orden de buscar tierras en donde poder habitar.

Hízolo así Teodorico, y tomando con sus gentes el camino de Italia, sentó su real cerca de Aquileya. Odoacro le salió al encuentro; pero, vencido entonces y en otras diferentes batallas, después de una obstinada guerra que duró cinco años, se rindió

---

[1] Venit enim properata malis inopina senectus,
Et dolor aetatem jussit inesse suam;
Intempestivi funduntur vertice cani.
(*En efecto, la vejez vino apresurada e inesperada con males,*
*y el dolor ordenó a su edad*
*que aparezcan inoportunas canas en la cabeza.* Nota del Editor.)

al rey de los ostrogodos, que por fin le hizo dar muerte. Dueño ya Teodorico de toda la Italia, marchó a Roma, donde puso en práctica los medios que le fueron posibles para que sus nuevos súbditos no echasen de ver que vivían bajo el imperio de un monarca bárbaro. A este fin mantuvo el orden antiguo de la magistratura, y así él como sus ostrogodos vistieron el traje romano. Príncipe afable, espléndido y liberal, gobernó la Italia muchos años, de tal forma que, bajo su dominio, fue mucho más feliz que bajo el de la mayor parte de sus emperadores. Aunque arriano, los católicos no tuvieron motivo para quejarse de él, hasta que con la edad cayó en las debilidades y sospechas que veremos. Levantó en varias ciudades suntuosos edificios; y, a pesar de carecer de cultura, pues ni aun su nombre sabía escribir, fue gran protector de las letras, y los hombres doctos se vieron ensalzados por él a grandes puestos y honores.

Boecio, pues, habiendo pasado su juventud en tiempo de Odoacro, floreció en el de Teodorico. En los Fastos Capitolinos, desde el año 487 al 522, se halla nombrado tres veces entre los cónsules un Boecio; pero de ninguno se expresa fuese cónsul por segunda vez, de lo que se infiere eran distintas personas. El Boecio cónsul en el año 487 se puede afirmar fue el padre de nuestro filósofo; el mismo filósofo el del año 510, y un hijo suyo el del 522.

Entre las Cartas de San Enodio hay algunas escritas a Boecio. De una se colige que era su pariente cercano, y en ella le ensalza con grandes elogios, diciendo que Boecio había reunido en sí la elocuencia de Demóstenes y Cicerón, que había elegido lo mejor de los autores griegos y latinos, y que, procurando imitar a los antiguos oradores, había conseguido superarlos. Pero más verdaderas son las alabanzas que le da Casiodoro en una carta escrita en nombre de Teodorico, rey de los ostrogodos. El rey de Borgoña pidió a Teodorico le enviase dos relojes, uno solar y otro hidráulico, semejantes a los que había visto en Roma. Era Boecio inteligente en su construcción, por lo cual Teodorico le encomendó el desempeño de este encargo, y elogiándole dice[2]: «Tú has hecho que los romanos lean en su lengua nativa la música de Pitágoras, la astronomía de Ptolomeo, la aritmética de Nisómaco, la geometría de Euclides, la lógica de Aristóteles, la mecánica de Arquímedes, y todo cuanto cerca de las ciencias y de las artes dejaron escrito muchos griegos tú lo has ofrecido a Roma en lengua latina con tal elegancia y propiedad de lenguaje, que sus mismos autores, si hubiesen sabido ambas lenguas habrían hecho singular estimación de tu trabajo.»

El mismo Casiodoro hace en otra Epístola[3] grandes encomios de la ciencia de Boecio en la música, y le encarga la elección de un buen citarista para el rey de los francos.

Efectivamente, las mismas obras de Boecio acreditan cuán versado era en las ciencias y cuán celoso de su cultivo. Tenemos gran parte de las traducciones que refiere Casiodoro, porque sus libros de aritmética, de geometría y de música

---

[2] Lib. I. Variar. Epíst. XLVI.
[3] Lib. II. Variar. Epíst. XL.

generalmente son traducidos de obras de los citados griegos: Casi todos sus escritos son lógicos, esto es, traducciones y comentarios de lo que en este asunto escribieron Aristóteles, Porfirio y Cicerón; e igualmente son lógicos sus opúsculos de Teología, singularmente el que escribió contra Eutiques y Nestorio.

Pero la más célebre entre todas las obras de Boecio, y de la cual se han hecho pasadas de cien ediciones, además de haberse traducido en casi todos los idiomas cultos, incluso el hebreo, es la Consolación la Filosofía, que escribió en prosa y verso mientras estaba encarcelado, en la cual introduce a la Filosofía que le consuela en sus desgracias. Algunos han exaltado esta obra hasta igualarla con las de Cicerón y Virgilio; mas quien conozca la verdadera elegancia latina, hallará gran diversidad. Sin embargo, podrá decirse con razón que la prosa, y mucho más los versos de Boecio, son los más cultos, no solamente de su siglo, sino también de los anteriores.

Acerca del motivo y circunstancias de su prisión y su muerte se ha escrito mucho, y hay gran variedad de opiniones; pero, omitiendo todas las modernas, referiremos solamente lo que dicen los escritores más dignos de crédito, como son el Anónimo Valesiano, que según el dictamen común floreció en la misma edad; Procopio, que escribió durante aquel siglo, y el mismo Boecio.

Procopio, narrando la muerte de Símmaco y de Boecio, dice: «Símmaco y Boecio, su yerno, nacidos de nobilísimas estirpes, ambos consulares, se distinguían entre todos los del Senado. Nadie era más docto que ellos en filosofía, nadie más amante de la equidad. A esto añadían las liberalidades en socorrer los pobres, ya fuesen ciudadanos, ya extranjeros. De este modo adquirieron gran reputación; pero también atrajeron sobre sí la envidia de los malvados, de cuyas calumnias, inducido Teodorico, acusados los dos de que maquinaban novedades, los condenó a muerte y confiscó sus bienes.»

El Anónimo Valesiano hace relación, aunque no diversa, más circunstanciada: «Desde entonces-dice-empezó Teodorico a manifestarse cruel contra los romanos. Cipriano, que a la sazón era referendario, y fue después conde de las Sacras Donaciones y jefe de los Oficios llevado de la ambición, acusó al patricio Alvino de haber escrito al emperador Justino cartas contra Teodorica. Alvino lo negó, y el patricio Boecio, que entonces era jefe de los Oficios, dijo en presencia del rey: «Es falsa la acusación de Cipriano; y si Alvino fuese reo, sería yo también, y lo sería el Senado, con quien hemos procedido de acuerdo.» Entonces Cipriano produjo falsos testigos, no solamente contra Alvino, sino contra Boecio, que le defendía; y el rey, que armaba insidias a los romanos y buscaba pretextos para darle muerte, dio más crédito a los testigos falsos que a los senadores. Entonces Alvino y Boecio fueron llevados presos cerca del baptisterio de la iglesia; y el rey, llamando a Eusebio, prefecto de Pavía, sentenció a Boecio sin oírle. Envió después a Calvenzano, donde estaba preso, quien le diese muerte; y Boecio, atormentado por largo tiempo con una cuerda que le rodeaba y comprimía la frente de forma que se le saltaban los ojos, murió al fin herido con un bastón.»

El mismo Boecio, hablando de su adversa fortuna, confirma y aclara lo que refieren estos dos escritores[4], y de todo resulta con bastante certidumbre el motivo por que fue condenado y el modo con que le quitaron la vida. Teodorico había empezado a manifestar contra los cristianos su ánimo adverso, del cual no había dado hasta entonces indicio alguno. Acaso la vejez y el temor de que Justiniano concibiese contra él algún designio le hacían más solícito y desconfiado. En estas circunstancias recibió acusación contra Alvino de que maquinaba asechanzas, y fue fácil persuadirle que también el Senado podría ser delincuente. Boecio emprendió la defensa de Alvino y del Senado; y entonces, volviendo Cipriano, acusador de Alvino, la acusación contra Boecio, le hizo sospechoso al rey, buscando y sobornando testigos que afirmasen haber escrito cartas que contenían ideas y designios de rebelión. No fue necesario más para encender la ira de Teodorico. Sin embargo, parece que por manifestarse justo sometió la decisión al Senado, y que el Senado, por adularle, condenó a Boecio no sólo a destierro, como dicen algunos historiadores, sino a prisión y a muerte.

Por la narración del Valesiano se sabe el modo cruelísimo con que se la dieron, y este escritor merece ser preferido a todos los posteriores, que cuentan fue degollado, atribuyendo a Boecio lo que se dice de Símmaco, su suegro degollado en Rávena. La iglesia de Pavía reconoce a Boecio por mártir, pues no sin fundamento se cree que el odio concebido contra los católicos por el arriano Teodorico en su postrera edad contribuyó mucho a la muerte de un hombre que había defendido el dogma contra los arrianos. En dicha iglesia hay un altar erigido en honor de Boecio, y el clero de Pavía celebra su fiesta con rito doble de mártir el día 23 de octubre.

En cuanto a la mujer de este ilustre filósofo, muchos escritores modernos particularmente sicilianos, afirman se llamó Elpide, dama siciliana de gran erudición, célebre por las poesías que compuso, de las cuales solamente quedan algunos himnos a San Pedro y San Pablo, que se leen corregidos en el Breviario Romano. Pero los autores que hablan de Elpide son posteriores cerca de mil años a Boecio, y de aquellos que, según la costumbre de su edad, se persuadían con excesiva facilidad. Alégase un epitafio, suponiendo hallarse en la iglesia de San Agustín, de Pavía; pero tal epitafio no existe en aquella iglesia, y aun cuando sea cierto haber existido y que hubo tal poetisa, no consta fuese mujer de Boecio.

La que lo fue, sin duda, y le sobrevivió muchos años, se llamó Rusticiana, hija de aquel Símmaco a quien dieron muerte después que a Boecio. Cuando Amalasunta, hija y sucesora de Teodorico, subió al trono, conociendo cuán injusta había sido la muerte de estos dos hombres insignes, restituyó a sus hijos los bienes paternos que el mismo Teodorico había confiscado. Con esto hubiera podido Rusticiana vivir tranquila y cómodamente; mas prefirió el usar de sus riquezas de un modo que la hicieron memorable, pues con ocasión de la guerra furiosa encendida entre griegos y godos, ella y algunos senadores romanos se dedicaron a socorrer con cristiana generosidad la miseria extrema a que muchas gentes se hallaban reducidas; por cuya

---

[4] Véase la Prosa IV del libro I de Consolación.

causa vinieron a tal pobreza que, cuando los ostrogodos recuperaron Roma, Rusticiana y los senadores se vieron obligados a pedir entre sus enemigos de puerta en puerta el sustento para sí y para otros, sin avergonzarse de ello, pues muy noble era el motivo que los había reducido a tal estado. Instaban los bárbaros a Totila, su rey, para que hiciese dar muerte a Rusticiana, acusándola de haber inducido con dádivas a los romanos a que destruyesen las estatuas de Teodorico en venganza de la muerte de Boecio; pero aquel sabio príncipe, lejos de condescender a su furor, mandó que nadie hiciese injuria a una matrona tan digna de respeto. Así lo cuenta Procopio.

Boecio fue el último de los filósofos de la antigüedad y el primero de los escolásticos. Desde San Agustín hasta el resurgimiento de Aristóteles, ningún filósofo gozó de más autoridad que él.

# BOECIO

## "DE LA CONSOLACION POR LA FILOSOFIA"

## LIBRO PRIMERO

De la consolación por la filosofía[5]

## METRO I

Los. versos que en la dulce primavera
de mis años canté, las fantasías
de mi laúd sonoro,
    ¡ay, cómo ya se han vuelto en elegías,
en gemidos la gracia lisonjera,
y en acero infeliz el plectro de oro!
Hasta el sagrado coro
de las nueve doncellas
se ha reducido a cláusulas confusas,
y a llantos y querellas
el dulce regocijo de las Musas.
    Mas no por eso el miedo del tirano,
por bien que amenazaba a sangre y hierro,
hacer con ellas pudo
que me dejasen ir en tal destierro;
antes con un auxilio soberano
me han servido de báculo y escudo;
y con verme desnudo
de títulos y honores,
si antes cuidaban de mi edad florida,
no con menos favores
hoy honran mi vejez y mi caída.
    Caduco estoy; confieso que la helada
Senectud ha triunfado de mis días,
y el dolor impaciente
le ha dado paso por mis venas frías,
y a mis débiles huesos por morada,
con que la edad aun no era suficiente.
Sobre mi blanca frente
lucen Alpes nevados,
y las arrugas ostentan sus vacíos,
y los cueros holgados

---

[5] La traducción de esta obra, tanto los versos como la prosa, es debida al poeta don Esteban Manuel de Villegas (1596-1669)

se encogen y estremecen a los fríos.
    Dichosa muerte aquella que a los años
más dulces se comide, y no los toca;
y de la misma suerte
la que los mismos autos no revoca
del que para remedio de sus daños,
la llama a voces en el trance fuerte.
Mas, ¡ay!, que ya la muerte
al triste, al afligido
siempre se esconde, siempre se retira,
y siempre al sumergido
en trabajos reserva de su ira.
    Pero cuando la suerte prosperaba
dolosa mis acciones, ella dura
su guadaña blandía;
y ahora que con triste desventura
me ve fuera del trono que ocupaba,
vuelve a la vaina el filo que solía.
Pues, dulce compañía
de tanto amigo caro,
¿por qué así me llamabais venturoso?
Pero ya veréis claro
que el que cae no era puesto de reposo.

## PROSA I

Estando, pues, yo con mucho silencio entre mí pasando estas cosas y señalando como con puntero unas lacrimosas endechas, vi que una mujer se apareció sobre mi cabeza, de muy venerable rostro, ojos vivos y más perspicaces que suele ser la común vista de los humanos. Su color era sano y de vigor no extinguido, aunque tan llena de tiempo, que en ninguna manera se podía creer fuese de nuestra edad. La estatura mostraba incierta disposición, porque unas veces se acomodaba a la medida común de los hombres y otras parecía tocar el cielo con lo eminente de su cabeza; y cuando la levantaba algo más, el mismo cielo penetraba, dejando burlada la vista de los hombres. Sus vestiduras eran perfectamente acabadas, de hilos delgadísimos y de artificio muy sutil, pero de materia durable, y según ella me lo dio a entender, tejidas por sus propias manos, cuya hermosura había ofuscado una niebla de negligente vejez, a la traza que suele el humo a las vecinas imágenes; y en la parte inferior de ellas estaba entretejida una P griega, y en la superior, una T; y entremedias de estas dos letras se veían señaladas unas gradas al modo de escalones, por donde se subía de la letra baja a la superior. Y esta vestidura se mostraba rota por las manos de unos hombres furiosos, habiéndose llevado cada uno la parte que pudo. Tenía, además de esto, en la mano derecha unos librillos, y en la siniestra, un cetro. La cual, luego que vio las poéticas Musas sentadas en mi cama, dictándome voces convenientes a mi llanto, un poco airada dijo, mirando con aviesos ojos: «¿Quién es el que ha dejado llegar a este enfermo estas juglares ramerillas, pues ni ellas no sólo le aplican algunos remedios, sino que le estragarán con dulce veneno? Estas son las que con estériles espinas de afectos ahogan la sementera fértil de la razón y las que no libran a los hombres de los males, sino que antes los acostumbran a ellos. Pues estad ciertas que si con vuestros halagos nos hubierais distraído un hombre profano, cual lo tiene el vulgo, que de mí se llevara esto con mejor modo, por estar en los tales mis obras muy lejos de ser dañadas. Pero ¿a un hombre como éste, criado con la leche de los preceptos eleáticos y académicos? Pues apartaos, oh sirenas, que sois dulces para la ruina de los hombres, y dejádmele curar y sanar con mis musas.» Dichas estas palabras, luego aquel coro, con tal represión avergonzado, bajó la cabeza, y confesando el empacho con los colores, se salió triste la puerta afuera. Pero yo, como tenía turbada la vista con muchas lágrimas, y no pudiendo saber qué mujer fuese aquella de tan imperiosa autoridad, quedé absorto, y clavando los ojos en el suelo estuve mudo, esperando ver lo que haría desde allí adelante. Pero ella entonces, llegándose más cerca, se sentó a los pies de mi cama, y mirándome a la cara, que la tenía afligida con el llanto y decaída con la tristeza, formando quejas de la confusión de mi alma, me embistió con estos versos:

## METRO II

Cuando el humano apetito
en la vanidad se ceba,
creciendo van los cuidados,
creciendo van a gran priesa.
¡Ay, ay entonces, mortales,
cómo la razón se ciega,
y cómo da despeñada
en las profundas cavernas!
Sin luz al daño camina
alucinada y suspensa,
que le faltó la atalaya
en medio de las tinieblas.
Este que veis, en un tiempo
acostumbrado a la alteza
de los cielos, discurría
por sus regiones etéreas:
del sol los purpúreos rayos,
y los aumentos y menguas
de la luna contemplaba,

y el curso de las estrellas,
o el que fijas continúan,
o el que vagantes reiteran,
siendo vencedor de todo,
mediante su buena cuenta.
También sin esto sabía
magistralmente la ciencia
de los rugidores vientos,
que los hondos mares vejan;
y en el alto firmamento
qué espíritu le revuelva,
y por qué el lucero Eóo
caiga en las hondas Esperias.
Demás esto escudriñaba,
por qué templaba las tierras
el verano, y las vestía
de tantas flores diversas,
y por qué causa el otoño
de la vid los granos llena,
sin otros muchos secretos
que esconde Naturaleza.
Pues éste, ofuscado ahora,
con la luz mental enferma
y la cerviz amarrada,
yace entre graves cadenas,
donde vencido del peso,
e inclinada la cabeza,
baja el rostro y es forzado
(¡ay, Dios!) a mirar la tierra.

## PROSA II

«Pero más es tiempo, añadió, de aplicar medicinas que de gastar querellas.» Y luego, mirándome con atentos ojos, me dijo: «¿Tú, por ventura, no eres aquel que un tiempo alimentado con mi leche y criado con mi alimento saliste robusto en las partes del alma? Porque cierto las armas que te aplicamos, si no es que tú las echases primero, bastaban a defenderte con su fortaleza invencible. Ven acá. ¿Me conoces? ¿Qué callas? ¿Acaso este silencio nace de vergüenza o de asombro? ¡Ojalá naciera de vergüenza! Pero, a lo que yo veo, el asombro es sólo el que te ha oprimido.» Luego, como viese que no sólo yo callaba, sino que procedía a la manera de un mudo enajenado de su lengua, tocome blandamente con la mano en el pecho y dijo: «No es de peligro esta enfermedad; letargo es de los que comúnmente embelesan el juicio de los hombres. Olvidado estará de sí por algún tiempo y fácilmente despertará, que de atrás sé que me conoce; y para que lo pueda hacer en breve, será bien que le aclaremos la vista, que la tiene turbada con la nube de las cosas mortales.» Y diciendo esto, empuñando los pliegues de su vestidura, me empezó a enjugar los ojos, que tenía bañados en lágrimas.

## METRO III

Luego de mí la noche sacudida,
se huyeron los horrores,
dejándome la vista socorrida
de nuevos resplandores:
Como cuando al Argeste presuroso
se encogen las estrellas,
y el polo con el velo nubiloso
detiene en sí las huellas.
Cálase el sol, y sin que el firmamento
descoja su estandarte,
la noche se derrama y toma asiento
por una y otra parte.
Pero si sale el Bóreas animoso
de su caverna fría,
la noche se deshace, y, luminoso,
vuelve a aclarar el día:
y con súbita luz el alto Febo
asalta los mortales,
y al fin empieza a iluminar de nuevo
los rayos visuales.

## PROSA III

No de otra suerte, pues, sacudidas las nieblas, empecé a mirar el cielo, con lo cual me dispuse a conocer a mi enfermera. Y así, luego que en ella puse los ojos y la miré con más atención, conocí ser mi ama la Filosofía, en cuyo domicilio desde mi tierna edad fui doctrinado; a la cual dije: «¡Oh maestra de las virtudes!, ¿para qué, dejando tu alta morada, has bajado a estas soledades de mi destierro? ¿Acaso vienes tú también como rea a ser vejada conmigo por falsas acusaciones?» A lo cual ella respondió: «¿Pues habíate yo de desamparar, hijo mío, ni dejar de tener parte en la carga que sufres por la envidia de mi nombre, sin hacerme partícipe en el trabajo? Claro está que no era hecho de la Filosofía dejar ir solo al inocente en su viaje, porque temiera yo mi propia represión y como de cosa nunca sucedida me asombraría ¿Piensas, acaso, que es ésta la primera vez que la sabiduría ha sido provocada con peligros de las malas costumbres? ¿No sabes que mucho antes que llegara la edad de nuestro Platón solíamos tener debates con la ignorancia? ¿Y que viviendo él, su maestro Sócrates, asistiéndole yo, mereció llevarse la palma de la injusta muerte que le dieron? Tras quien el vulgo de los epicúreos y estoicos, y los demás, cada uno por su parte, como quisiesen entrarse por su herencia a fuerza de brazos, a mí, porque les daba voces y detenía, me trajeron a malas manadas, como si yo fuera los despojos, y rompiéndome las vestiduras, que yo por mis manos había tejido, me sacaron de ellas algunos jirones y se fueron, pensando haberme llevado toda consigo. Y así, por verse en ellos algunas señales de mi hábito, creyó la ignorancia ser éstos mis camaradas; no obstante que algunos de ellos, con los abusos de la profana turba, se contaminaron. Y dado caso que de la fuga de Anaxágoras, del veneno de Sócrates y de los tormentos de Zenón, como peregrinos, no tengas noticia, por lo menos de los Canios, Sénecas y Soranos bien has podido tenerla, por estar su memoria fresca y ser muy celebrada. Pues a éstos es cierto que no fue otra la causa de su ruina sino ser cortados al aire de nuestras costumbres y parecer en todo desemejantes a las de los malos. Y así no hay de qué te admires si en este piélago de la vida padeciéramos muchas tormentas, porque nuestro intento no es otro que desagradar a los inicuos. Que aunque el ejército de ellos es muy copioso, con todo eso le hemos de despreciar, porque se gobierna sin capitán, y así a cada paso es asaltado del error loca y temerariamente; de donde sucede que cuando alista ejército más poderoso contra nosotros, entonces nuestro capitán se recoge con su gente a la fortaleza, y ellos, en lugar de batirla, se embarazan en sólo el pillaje de unas inútiles alhajuelas; pero desde arriba nosotros, seguros de todo desatinado alboroto, nos reímos de ellos viéndolos embarazarse en el robo de cosas tan viles, y al fin estamos murados con un vallado tal que es imposible ser entrado por la ignorancia, aunque más nos guerree.»

METRO IV

El que tranquilamente
aderezó su vida
desestimando el riguroso hado,
y con cerviz erguida,
mirando preeminente
de la fortuna el bueno o mal estado,
pudo tener el rostro sosegado,
no temerá el semblante
del mar cuando se enoja,
mezclando con las ondas las arenas,
ni menos la que arroja
llama bermejeante
el Vesubio, ya rotas las cadenas
del azufre hospedero de sus venas:

No el rayo que endereza
su violencia a la cima
de los más elevados chapiteles.
¿Por qué han de poner grima,
pues, a vuestra flaqueza,
¡oh miserables!, las caninas pieles
de los tiranos, sin poder crueles?
    Por tanto, si quisieres
desarmar la violencia
del poderoso en medio de su ira,
serate conveniencia,
que ni temas ni esperes;
porque quien teme al mal, o al bien aspira,
no es dueño de sí mismo, que es mentira.
    Sino como soldado
cobarde que depuso
el militar escudo, y dejó el puesto,
que él mismo se compuso
la cadena y candado
en que ha de ser atraillado y puesto,
con mengua suya, para fin molesto.

PROSA IV

Luego me dijo: «¿Acaso sientes esto? ¿Llega a morderte en el alma; o eres como el jumento a la guitarra? ¿De qué lloras? ¿Por qué haces tus ojos fuentes? Declárate conmigo, ea, y no lo ocultes. Porque si deseas que el médico obre, conviene que reveles la herida.» Yo entonces, cobrando nuevas fuerzas, le respondí: «¿Por ventura hay necesidad de declaración? ¿O no es tal la aspereza de la fortuna, contra mí cruel, que ella por sí no se dé a conocer? ¿Acaso la figura del lugar no te mueve; o es ésta la librería que habías escogido para tu asiento en mi casa, donde tú de ordinario solías disputar conmigo de las cosas divinas y humanas? ¿Era éste el ornato; era éste el rostro que tenía yo cuando contigo escudriñaba los secretos de naturaleza; cuando tú me señalabas con la varilla el curso de las estrellas; cuando me instruías en las costumbres y me dabas razón para ordenar toda la vida al ejemplo del celestial concierto? ¿Son éstos los premios que llevamos los que te servimos? Tú, pues, por la boca de Platón declaraste esta sentencia: que serían dichosas las repúblicas si fuesen gobernadas por varones sabios, o los que las gobiernan se diesen al estudio de la sabiduría. Tú, por la boca de este mismo varón, aconsejaste a los sabios que tomasen a su cargo el peso de la república, porque no entren a gobernar los perversos y malos para ruina y pestilencia de los buenos. Yo, pues, abrazando esta doctrina, que la aprendí de ti en mis retirados ocios, procuré trasladar la república al uso de común señoría. Y esto lo sabe Dios, que es el que te infunde en la mente de los hombres, y tú también lo sabes, que jamás me llevó a la cumbre del magistrado otro deseo que el cuidado común de los buenos, por lo cual he tenido con los facinerosos pesadas y terribles discordias. Y lo que la libertad de la conciencia en sí tiene es que siempre desprecie las acedías del poderoso, a trueque de amparar la justicia. ¡Cuántas veces a Conigasto me le opuse, viéndole que se arrojaba a las haciendas de los pobres! ¡Cuántas a Triguilla, mayordomo de la casa real, haciéndole desistir, no sólo de las injurias intentadas, sino de las del todo conseguidas! ¡Cuántas veces a los miserables, que de ordinario vejaba la avaricia de los bárbaros jamás castigada, defendí de infinitas calumnias, oponiendo mi autoridad a muchos peligros! Y con todo eso ninguno fue poderoso para hacerme pasar de la justicia a la iniquidad. Tras esto, no de otra suerte sentía ver despojar de sus haciendas a los pobres feudatarios provinciales, ya con particulares robos, ya con tributos públicos, que si fuera uno de los agraviados. En el tiempo de una terrible hambre, cuando parecía que había de padecer la provincia de Campania una grandísima necesidad, por razón de una compra que se había hecho, yo, por la utilidad común, tomé a mi cargo la causa contra el prefecto del Pretorio y pugné con él, no obstante que el rey lo sabía, y al fin salí con que no se hiciese la tal compra. A Paulino, varón consular, cuyas riquezas se habían engullido los palatinos lebreles por ambición y codicia, yo se lo saqué de sus voraces gargantas. Yo me opuse a los odios de Cipriano, fiscal, porque la acusación de Albino, varón consular, no llegase a ser pena. ¿No te parece que he irritado contra mí hartos desasosiegos? De buena razón, por esto, debía yo vivir entre los demás muy seguro, pues por respeto de la justicia no quise para mí guardar nada de lo que me pudiera hacer más cauto para con los ministros de Palacio. Pero ¿por quién te parece que somos acusa-dos? Por un Basilio, que ha días que fue despojado de su real oficio. Este, por dineros que le dieron, fue movido a querellar de mi nombre. Además de esto, a Opilio y Gaudencio, por grandes embustes y fraudes que habían urdido, se les había notificado el destierro, en que por sentencia del rey estaban condenados; y como se acogiesen a la Iglesia por no obedecerla, sabido del rey, mandó que dentro del término señalado, si no salían de la ciudad de Rávena, fuesen sacados con señales en sus frentes. ¿Pues qué cosa se puede añadir a esta rigurosidad, que el mismo día, y por estos mismos dada, fuese admitida nuestra, acusación? ¿Qué diremos a esto? ¿Acaso merecieron esto nuestras acciones, o por ventura justificó a estos acusadores su primera condenación? ¿Es posible que no se corrió la fortuna, y ya que no de la inocencia del acusado, por lo menos de la bajeza de los acusadores? ¿Deseas saber la suma del delito? Porque quisimos que el Senado no peligrase. ¿Deseas saber el modo? Porque detuvimos el correo que llevaba la querella contra el Senado para ser dado por traidor. ¿Y qué juzgas de esto, maestra mía? ¿Negaremos el delito porque no te echemos en vergüenza? Confieso que lo quise; ni me arrepentiré de haberlo querido. Confesarelo, con que no se admita lo de impedir el correo. ¿Por ventura llamaré maldad al haberle deseado la salud a aquel amplísimo orden, no obstante que él en sus acuerdos dio a entender que lo había sido? Pero la imprudencia de los hombres, que de ordinario es mendaz, no puede quitar los méritos. Bien que a mí, que me gobierno por el consejo de Sócrates, no me parece que es lícito ocultar la verdad ni afirmar la mentira. Aunque el modo que en esto se haya de tener lo dejo a tu juicio y al de los varones sabios que lo determinen. Y porque no se les pueda encubrir a los venideros la verdad del caso, ni los lances que en él ha habido, lo he remitido a la pluma y a la memoria. Pero de las cartas falsas por que me acusan de haber tenido esperanza de la libertad romana, ¿de qué sirve hablar? Sería esta calumnia fácil de averiguar si se me concediese el examen de las confesiones de mis acusadores, cosa que en todos negocios tiene gran fuerza. ¿Pero qué libertad puede esperarse ya? Ojalá se pudiera alguna, que yo respondiera lo que Canio a Cayo César, el hijo de Germánico, que acusándole de haber sido cómplice en una conjuración que contra él se hizo, respondió: «Si yo lo supiera, tú no lo supieras.» Así que la causa de turbar esta tristeza mis sentidos no ha sido por quejarme de que los malos hayan armado contra la virtud fraudes; pero de que a los tales se les haya logrado todo lo que han querido, terriblemente me asombra. Apetecer lo muy malo puede ser por defecto nuestro; pero que a vista de Dios salga la maldad contra la inocencia con todo lo que intentare, semejante a prodigio parece. De aquí uno de tus amigos no sin causa preguntó: «Si es que hay Dios, ¿de dónde vienen los males? Y si no le hay, ¿de dónde los bienes?» Pero sea lícito que los malos me hayan de destruir, ya que su costumbre es beber la sangre de los buenos y de todo el Senado; por lo menos no era lícito que yo esperara esto de los padres, puesto que me arriesgué por los buenos y por el Senado. Bien te acuerdas, a lo que pienso, que nunca hablé cosa, ni la hice, que no fuese ordenada por ti. Bien te acuerdas que en Verona, cuando el rey, deseoso de la común ruina, quiso achacar a todo el Senado el crimen de lesa majestad, de que era acusado Albino, con cuánto peligro de mi persona defendí su inocencia; y sabes también que todo esto es la verdad, sin haberme acogido nunca a la jactancia de mi propia alabanza: porque en alguna manera se disminuye el secreto de la conciencia del que se alaba, todas las veces que uno recibe el premio de la. fama con la ostentación. Pero ya has visto en qué ha parado nuestra inocencia, pues en vez de recibir premios por la verdadera virtud, venimos a padecer la pena de un falso delito. ¿Y qué delito ha habido jamás, por averiguado que esté, que en el rigor de la ley haya tenido a todos los jueces de un parecer? ¿Qué o el error mismo del ingenio humano, o el suceso de la fortuna, incierto a todo género de mortales, no los haya hecho desconvenir? Y dado caso que mi delito fuese haber intentado poner fuego a los templos sagrados, degollado a los sacerdotes con sacrílega espada, y maquinado la muerte a todos los buenos, primero que sentenciado, debía estar de todo esto confeso y convencido; pero hase hecho conmigo muy al revés, pues con estar desviado casi quinientas millas, y sin patrocinio, somos condenados a muerte y a confiscación de bienes por sólo habernos inclinado al Senado más de lo que convenía. ¡Oh colmados de méritos! ¿Que ninguno pudo ser convencido de semejante crimen? Cuya calidad de delito bien la conocieron los acusadores, pues para que llevara color de alguna maldad fingieron que yo había contaminado con sacrilegio la pretensión de la dignidad; como si tú, que estabas en mí colocada, no apartaras de mi alma el deseo de las cosas mortales, o el sacrilegio pudiese tener parte en mí a vista tuya. Cada día es cierto que derramabas en mis orejas y en mis consideraciones aquel dicho de Pitágoras: «Que a Dios se ha de servir, y no a dioses.» Ni me era decente acogerme al refugio de infames espíritus; porque tú me guiabas para una gran excelencia, que es hacerme a Dios muy semejante. Además de esto nos defienden de la sospecha de tal crimen la inocente vivienda de la casa, la compañía de amigos y el santo suegro Símaco, hasta en el trato común reverenciable. Pero, ¡oh maldad!, que ellos a ti te echan la culpa y a nosotros nos hacen dueños de este sacrilegio, no más de porque estamos llenos de tus disciplinas y compuestos a la traza de tus costumbres. Y no era harto el haberse frustrado en mí tus trabajos, sino que gustes ser maltratada por causa mía. Júntase también a estos nuestros infortunios otro inconveniente, y es que el aprecio de los más no pone la mira en el mérito de las cosas, sino en el suceso de la fortuna, y sólo aquello juzga redundar de la divina Providencia, que la felicidad apoya. De donde nace que este buen aprecio sea el primero que desampara a los infelices. Por tanto, tiemblo de acordarme ahora de los rumores del pueblo y de sus varios y desconcertados pareceres. Sólo quiero decir una cosa, y es que la mayor carga que consigo trae una adversidad es que todos creen que los desgraciados son verdaderos autores del crimen que se les carga. Por tanto, yo, despojado de todas mis dignidades y tocado en la estimación, por mi buen proceder, he sido castigado. Tras esto me parece que veo todas aquellas infames tiendas llenas de hombres facinerosos bañarse en gozo y alegría, y que no hay ya hombre malo que no me esté amenazando con nuevas acusaciones, y, por el contrario, los buenos desmayados con el miedo de nuestra ruina. Los malhechores, ¿quién duda sino que ya son incitados a cualquier atrevimiento sin castigo y con premios para su efecto? Pero los inocentes, no sólo privados de seguridad, sino de la misma defensa; así que conviene decir a grandes voces:

## METRO V

> ¡Oh! Tú, gran fabricador
> del firmamento estrellado,
> que en trono fijo sentado
> para siempre durador, al orbe
> al cielo mayor,
> le arrebatas fácilmente,
> y con vuelta diligente
> le giras y a cada estrella
> le das ley, para que en ella
> se ejercite eternamente:

Por ti la luna aparece
sin cuernos, llena el semblante
todas las veces que obstante
a la luz del sol se ofrece;
y al paso que ella más crece,
son las estrellas menores;
pero si a los resplandores
del hermano se avecina,
compra su propia ruina,
pues se transforma en horrores.

Por ti el lucero del día
sale cuando el arrebol
queriendo suplir el sol
la luz, pero con luz fría;
y después que ya la umbría
región al amanecer
empieza a resplandecer
con la venida de Febo,
vuelve a esconderse de nuevo,
para a la tarde volver

Tú en el invierno encogido
por el tiempo de la bruma,
haces una breve suma
del sol, hasta allí extendido;
pero cuando ya erigido
sobre el Nemeo León,
fatiga con dilación
las horas del día que
la noche las suyas dé
con menor revolución.

Con tu virtud se modera
el año, pues la coscoja
si al alborear perdió la hoja,
para el Fabonio la espera;
y las que el Arturo viera
mieses apenas sembradas,
el Can las da sazonadas,
y al fin se guarda la ley
antigua que, como rey,
diste a las cosas criadas.

Sólo parece has echado,

¡ oh santo gobernador!,
las del hombre por mayor,
como dicen, al trenzado;
porque si no, ¿por qué el hado
o la fortuna a las veces
han de punir como jueces
a la inocencia encogida
con pena sólo debida
a traiciones y dobleces?

Los tronos más eminentes
hacen ocupar las salas
de las costumbres más malas,
no de las más convenientes;
y sobre los inocentes
vemos las inicuas plantas,
y cuántas virtudes, cuántas,
que se ocultan y oscurecen,
y en vez del malo perecen
las inocentes gargantas.

Aquí el perjuro se mira
correr seguro de daño,
y colorido el engaño
del barniz de la mentira;
y el pueblo que se conspira
contra el rey que más temió,
a quien muy poco valió
su autoridad y potencia,
que una popular violencia
¿qué fuerzas no quebrantó?

Pues, ¡oh! tú, cualquier que seas,
deidad que todo lo hermanas:
las tierras que no son vanas,
ni indignas que las poseas,
por tu bondad que las veas,
y al hombre vejado de
la cruel fortuna, haz que
tranquilidad goce ya,
y que se practique acá
la que en el cielo se ve.

## PROSA V

Como hubiese yo con un dolor continuo desfogado esto, ella, con rostro alegre, sin nada indignarse de mis quejosas, razones, dijo: «Luego que te vi triste y lloroso eché de ver tu miseria y destierro; pero que éste fuese tan lejos de tu patria, si tú no lo dijeras, yo no lo sabía. Mas que digas que te han desterrado muy lejos de ella, haste engañado. Y si tú quieres más presumir que te han desterrado, tú sólo te desterraste, porque esto a nadie le es lícito contra ti. O si no, conviene que te acuerdes de qué patria eres descendiente, y verás que la tal no se gobierna en forma de multitud, como la de los atenienses: sólo allí es el señor uno, uno el rey y uno el príncipe, la cual se alegra con la frecuencia de los ciudadanos y no con el destierro. Allí es grande la libertad que se tiene en obedecer al freno y a la justicia. ¿Es posible que no tengas noticia de aquella antiquísima ley de tu Roma por la cual se estableció que a nadie se pudiese desterrar que quisiese en ella fijar su domicilio? Y así el que está dentro de sus muros y debajo de su tutela, en ninguna manera tiene miedo de ser desterrado, pero si desistiere de habitar en ella, al mismo paso empieza a privarse de este beneficio. Así que no me lastima tanto la figura de este lugar como la de tu rostro. Ni me desvelo en buscar las paredes de tu librería labradas con marfil y vidrio, como el asiento de tu mente, en quien no coloqué los libros, sino las sentencias de ellos, que es lo que les da estimación. Tú dijiste muchas cosas en razón de lo que debía a tus méritos, hechas por la utilidad pública, y todas verdaderas, que respecto de la grandeza de ellas aún anduviste corto. De los capítulos que te han puesto, si con honestidad, si con falsía, dijiste lo que ninguno ignora. De tocar tan a la ligera las maldades y dolos de tus acusadores, lo has acertado, porque mucho mejor y más por extenso lo hará esto el vulgo, que es el que todo lo sabe. Ponderaste también, y con vehemencia, el hecho del injusto Senado, y juntamente te lastimaste de nuestra injuria; lloraste asimismo los daños de la ofendida opinión. Y, finalmente, el sentimiento se encendió contra la fortuna, y tú te quejaste de que los premios no respondían a los merecimientos, y a los finales de tu airada musa pediste encarecidamente que la paz que modera el cielo gobernase también las tierras. Pero porque te ha cercado un gran ejército de pasiones y el dolor, ira y tristeza te traen muy dividido en partes, como al presente estás muy mental, por eso no te pertenecen ahora remedios muy fuertes. Por lo cual usaremos de algunos más ligeros de aquí a un poco, para que al que endurecieron con grandes turbaciones, con tacto suave le enternezcan, disponiéndole a que pueda recibir después la aspereza de medicamento más riguroso.»

## METRO VI

El labrador que puso
en el campo de Ceres
su trigo, porque trigo
y usuras le volviese,
si cuando sobre el Cáncer
se hospeda el sol ardiente
quiere hacerse pago
de las tostadas mieses,
y burlado se hallare,
serale conveniente
volverse a las bellotas
si perecer no quiere.
Para coger violas
nunca el prado frecuentes
cuando rechinadores
los aquilones vienen;
ni con golosa mano
en el verano aprietes
el fruto de las vides;
que cuando conviniere,
si a Baco se le pides
en el otoño fértil,
será dificultoso
que entonces te le niegue.
Tiene Dios repartidos
con fijos aranceles
para en diversos tiempos
oficios diferentes;
y así será excusado
querer antecederse
el paso de las cosas,
que Dios a raya tiene:
que lo que se atropella
precipitadamente,
sin orden, de ordinario
a tristes fines viene.

## PROSA VI

«Cuanto a lo primero, sufrirás acaso que yo con algunas preguntas toque y tiente el estado de tu alma, para que vea qué modo se ha de tener en la cura.» Yo, entonces, le dije: «Haz las preguntas que quisieres, que yo te responderé.» Entonces ella me dijo: «¿Por ventura piensas que este mundo se rige por sucesos temerarios y sin orden, o crees que hay razón que le gobierne?» Yo repliqué: «En ninguna manera he presumido que intervenga caso temerario en el movimiento de cosas tan bien concertadas. Antes sé de cierto que a esta obra preside un Dios, que es su fabricador. Ni habrá día que me pueda apartar de la verdad de este parecer.» «Así es, dijo ella, que poco ha lo cantaste, y aun lloraste de que los hombres estuviesen fuera de la atención de la divina Providencia. Porque de las demás cosas nunca negaste ser gobernadas por razón. Pero en gran manera me admira que estando murado tú de tan sana sentencia, hayas enfermado. Tomemos, pues, el examen de más alto, porque sospecho que nos falta algo. Por tanto, conviene que me respondas a esto: ya que no dudas que el mundo sea gobernado por Dios, ¿acaso has advertido con qué medios?» Yo, entonces, le dije: «Apenas sé adónde tira la sentencia de tu pregunta, y así me hallo incapaz de responder a ella.» «¿Por ventura engáñeme, dice, en pensar que faltaba algo, por donde, como por portillo, se entrase en tu alma la fiebre de tus perturbaciones? Pero dime: ¿tienes memoria de cuál sea el fin de las cosas y el blanco a que mira toda la naturaleza?» «Oídolo he, dije; pero la tristeza me ha embotado la memoria.»

FILOSOFÍA.-¿Y sabes también de qué parte traigan todas las cosas su origen?

BOECIO.-Conozco-dije-que es de Dios.

FILOSOFÍA.-¿Pues en qué va, que sabiendo quién es el principio de las cosas, ignora cuál sea el fin de ellas? Pero éstas son las costumbres y el poder de las turbaciones, que valgan para mover al hombre de su puesto, no para arrancarlo y desarraigarlo del todo. También quiero que me respondas a esto: ¿Te acuerdas que eres hombre?

BOECIO.-¿Pues no me he de acordar?-le respondí.

FILOSOFÍA.-¿Y me podrás decir qué cosa sea el hombre?

BOECIO.-¿Preguntasme, acaso, si es que sé de mí que soy animal racional y mortal? Porque en cuanto a esto sé que lo soy, y de ello me confieso.

FILOSOFÍA.-¿Y al fin no sabes que seas otra cosa?

BOECIO.-No lo sé.

Entonces dijo ella:

-Ya sé otra causa, y no pequeña, de donde nace tu mal: que es de haber dejado de saber qué es lo que eres. Y. así he descubierto la razón de tu enfermedad y el camino por donde hemos de senderear tu salud. Tú, con el olvido de saber qué eres, te confundes; y ésta es la causa por que te has quejado de ser desterrado y despojado de tus propios bienes, y como al cabo ignoras el fin de las cosas, así tienes por felices y poderosos a los hombres pésimos y malvados. También, como estás olvidado de saber con qué medios se gobierne el mundo, piensas que las vueltas de la fortuna se revuelven, sin que haya quien las modere, tropiezos no pequeños para caer, no sólo en la enfermedad, sino en la misma muerte. Pero gracias al autor de la salud de que naturaleza no te ha dejado del todo. Y así tenemos en nuestro favor aquella verdadera sentencia del gobierno del mundo, que ha de ser gran reparo de tu salud, puesto que crees estar sujeto a la divina Providencia y no a la temeridad de los sucesos. Por tanto, en ninguna manera temas que de esta pequeñita centella se ha de encender el calor que te restituya a la vida. Y porque aún no ha llegado el tiempo apto para remedios más fuertes y se sabe ser tal la naturaleza de los ingenios humanos, que mientras repudia las verdaderas se viste de las opiniones falsas. De donde viene que, extendiéndose la niebla de las perturbaciones, ofusque la clara vista de la verdad, contra quien procuraré aplicar unos ligeros y medianos fomentos para que, ahuyentadas las tinieblas de las pasiones dolorosas, puedas ver el resplandor de la verdadera luz.

## METRO VII

Cuando las nubes
negras se esparcen
en vano pestañean
las estrellas brillantes,
    y cuando el Ponto
turbado yace
con el Noto que sopla
por una y otra parte,
    luego las ondas,
muy semejantes
al cristalino vidrio
y a las serenas tardes,
    con el revuelto
cieno que traen
impiden a la vista
a que de allí no pase.
    Y al presuroso
río que nace
de las montañas altas,
y despeñado cae,
    tal vez la peña
puesta delante
impide la corriente,

ya que no se la pare.
  Tú, pues, si quieres
con rutilante
luz ver el buen camino
que guía a las verdades,
  huye el contento
y haz que se aparten
el miedo y la esperanza
con el dolor cobarde:
  que donde reinan
afectos tales, la mente se oscurece
y al freno atada yace.

# LIBRO SEGUNDO

De la consolación por la filosofía

## PROSA I

Luego que hubo dicho estas razones, calló por un poco de tiempo; y después de haber granjeado con modesto silencio mi atención, empezó a decir de esta suerte:

FILOSOFÍA.-Si es que he conocido de raíz las causas y estado de tu enfermedad, realmente tú estás postrado por el afecto y deseo de la fortuna pasada; porque sólo ella, con haberse mudado (según tú lo das a entender), ha trastornado el sosiego de tu alma. Conozco los varios afeites de aquel monstruo y a qué grados de halagüeña amistad llega con los que quiere burlar, hasta empeñar en un dolor insufrible a los que deja desesperados. De cuya naturaleza, costumbre y merecimiento, si te acordases, echarías de ver que jamás por ella tuviste cosa buena ni la perdiste. Pero determino no cansarme mucho en traértelo a la memoria, porque solías embestirle con palabras útiles cuando la tenías presente y favorable, persiguiéndola desde lo íntimo de nuestro templo con razones bien explicadas. Pero toda repentina mudanza jamás sucede que no sea con algún asalto del alma, y esto te ha hecho apartarte un poco de tu sosiego. Pero ya es tiempo de que bebas y gustes alguna cosa blanda y suave que llegando a tus interiores haga senda a las bebidas más eficaces. Por tanto, ea, venga aquí la persuasiva de la dulce Retórica, la cual entonces anda por camino derecho, cuando no sale de nuestros límites, y venga, asimismo, con ella la Música nacida en nuestro domicilio y cante ya los más apacibles tonos y ya los más graves.

RETÓRICA Y MÚSICA.-¿Qué es esto, hombre? Dinos qué cosa es la que te ha traído a tales lágrimas y tristeza. Creemos, sin duda, que debes de haber visto alguna nueva y jamás usada. Tú, si piensas que la fortuna se ha mudado contigo, yerras. Estas son sus costumbres; éste, su natural. Ella, en las mudanzas mismas que contigo ha hecho, ha guardado el tenor de su propia constancia. De esta condición era cuando te halagaba, cuando te burlaba delante con menos de fingida felicidad. Al fin has llegado a ver la dudosa apariencia de esta ciega deidad. Porque a otros si hasta ahora se les ha ocultado, a ti se te ha del todo descubierto, Si te parece bien, usa de sus costumbres y no te quejes; pero si con ella te estremeces, desdéñala y échala como cosa perjudicial. Pues la que te es ocasión de tanta tristeza, ésa de razón debía serlo de tu tranquilidad, no más de porque te dejó: que mientras ella no dejare, ninguno puede estar seguro. ¿Acaso tú si das el nombre de preciosa a la felicidad que se ha de ir? ¿Es tan agradable la fortuna presente, que no asegura la estancia y que ha de dejar tristeza con su partida? Porque si no puede a nuestra elección ser detenida, y huyen-do hace a los hombres calamitosos, ¿el ser fugaz qué otra cosa es sino un señuelo de la calamidad venidera? ¿No basta mirar lo que tenemos delante de los ojos? La prudencia pondera el fin de las cosas; así que la misma mudanza de adversa y próspera hace que las amenazas de la misma fortuna no sean temidas ni sus caricias deseadas. Finalmente conviene con igual ánimo llevar cuanto se platica dentro del círculo de la fortuna, desde que tuvieres el cuello debajo de su yugo. Porque si a la que de buena gana elegiste por señora le quieres dar ley, ¿no echas de ver que le haces injuria y que exasperas la suerte que no puedes mudar? Si dieses velas a los vientos, claro está que habías de ser llevado, no donde tu voluntad quisiese, sino donde su soplo te arrojase. Si encomendases a los campos tus semillas, es fuerza que habías de compensar los años abundantes con los estériles. Tú te entregaste al gobierno de la fortuna, pues conviene que obedezcas a tu señora. ¿Y es posible que intentes detener el ímpetu de la rueda que se va volviendo? Pues, ¡oh el más necio de lo mortales!, advierte que, si empieza a pararse, deja de ser fortuna.

## METRO I

Esta cuando quisiere
con mano poderosa
trastornar el estado
de las humanas glorias,
no de otra suerte mueve
la planta bulliciosa,
que si el Euripo fuera
que triunfa de las ondas.
Los reyes atropella,
temidos hasta ahora,
y el rostro del vencido
que se humillaba entona.
Al mísero no escucha,
ni cuida del que llora,
que antes nace su risa
de las que da zozobras.
Porque según estilo
practicado en su lonja,
así juega, y así
sus fuerzas acrisola.
Y es cierto que a los suyos
les hace gran lisonja,
si uno cae y a ser vuelve
feliz, todo en una hora.

## PROSA II

FILOSOFÍA.-Quisiera, además de esto, altercar contigo, por boca de la misma fortuna; advierte, y veamos si tiene razón.

FORTUNA.-Ven acá, hombre: ¿por qué cada día me andas llamando delincuente con tus querellas? ¿Qué injuria te hemos hecho? ¿Qué bienes te hemos quitado que sean tuyos? Ponme pleito delante del juez que quisieres sobre tus riquezas y dignidades, y si me probares ser estos bienes de alguno de los mortales, yo confesaré de buena gana que estas cosas que me pides han sido tuyas. Cuando Naturaleza te echó del vientre de tu madre desnudo, yo, por verte necesitado y pobre de todas las cosas, te recibí y te abrigué con mis riquezas; y, además de esto, te crié con más regalo y te rodeé con toda la opulencia y esplendor de mis alhajas. ¿Qué es lo que ahora te hace indignar contra mí porque me plazca retirar la mano? Tú, de razón, debes dar gracias de haberte aprovechado de cosas ajenas, sin tener acción de querella, como si hubieras perdido lo que era tuyo. ¿De qué, pues, lloras? Por lo menos, de mí no has recibido ninguna injuria. Las riquezas, las dignidades y las demás cosas semejantes a éstas todas son mías. Las criadas reconocen a la señora; conmigo vienen; y si me voy, conmigo también se van. Y puedo asegurarte con osadía que si estas cosas perdidas de que te quejas fueran tuyas, de ninguna manera las hubieras perdido. ¿Por ventura he de ser yo sola la prohibida de usar de mi derecho? Al cielo le es permitido sacar a luz los días claros y esconderlos con noches oscuras; al año, vestir el haz de la tierra con flores y mieses, y luego con lluvias y fríos desnudarla; al mar, recrear con la serena calma, y después amedrentar con hinchadas tormentas; ¿y será bien que a mí condene a una constancia ajena de mi condición la codicia desenfrenada de los hombres? Este es nuestro estilo; éste es el juego ordinario que jugamos. La rueda traemos por círculo, que con facilidad se revuelve, y tenemos gusto de remudar las cosas bajas por las altas. Si te agrada, sube; pero con condición que no has de pensar que te hago injuria si te bajare cuando lo pidiere la ley de mi juego. ¿Es posible que tú ignorases mis costumbres? ¿De Creso, rey de Lidia, no sabías que poco antes había sido terror de Ciro y después entregado a las llamas de un miserable fuego, del cual se libró por voluntad del cielo con una avenida de agua que cayó? A Paulo, ¿no le costaron lágrimas las calamidades de su vencido el rey Perseo? ¿Qué otra cosa llora el clamor de las tragedias si no es una fortuna que sin concierto trastorna la prosperidad de los reinos? Siendo niño, ¿no aprendiste que en el umbral de la casa de Júpiter había dos tinajas, la una llena de bienes y la otra de males? ¿Qué será, pues, si de la parte de los bienes cargaste más abundantemente? ¿Qué si del todo no me he apartado de ti? ¿Qué si esta misma mudanza mía te da ocasión justa de esperar cosas mejores? Así que no pierdas el ánimo ni desees vivir en un reino que es de todos con derecho de propiedad.

## METRO II

Si tantas como arenas
el mar levanta cuando está alterado,
o cuantas da serenas
luces el cielo cuando está estrellado,
vertiere la fortuna
de sus riquezas sin dejar ninguna;
no por eso el humano
cesará en su querella; y si copioso
diere con larga mano
oro al avaro Dios, y al ambicioso
dignidad sublimada,
para quien ya lo tiene, todo es nada.
Y así la codiciosa
ansia cuanto más traga, más hambrienta
se muestra y más golosa.
¿Pues qué frenos podrán a tan violenta
pasión y desbocada
detener sin que venga a despeñada?
Y más cuando la ardiente
sed con la misma copia y redundancia
se hace más insolente:
Por eso no el que tiene la abundancia
es rico, sí medroso
si se tiene por muy menesteroso.

## PROSA III

FILOSOFÍA.-Si estas cosas hablara la fortuna contigo, tengo por sin duda que
no tuvieras qué responderle; o si en defensa de tu querella tienes alguna» declárate,
que bien te daremos oídos.

Yo entonces le dije:

-Confieso que estas palabras son en sí muy hermosas, por venir ungidas de la
miel suave de la Retórica y de la Música; y así sólo deleitan cuando se escuchan.
Pero el sentimiento de los males en los afligidos entra más hondo; y así, cuando ellas
dejan de sonar en los oídos, la tristeza allá metida hace mayores las angustias del
alma.

FILOSOFÍA.-Así es-dijo-; pero esto no se te aplica por vía de remedio, sino para que sean temperamentos contra las curaciones del dolor tan rebelde; que lo que de ordinario tiene eficacia de penetrar hasta lo más íntimo, yo lo aplicaré a su tiempo. Con todo eso no te tengas por desdichado. ¿Por ventura haste olvidado del número y modo de tu felicidad? Callo el cuidado que tuvieron de ti los grandes varones cuando quedaste huérfano de padre, y el ser escogido para la afinidad de los mejores de la ciudad, y lo que más hace precioso el parentesco, que primero fuiste amado que fueses pariente. ¿Quién no te llamará felicísimo si por una parte viere el gran esplendor de tus suegros, por otra la honestidad de tu esposa y luego la buena dicha de hijos varones? Paso (que con-viene pasar cosas comunes) las dignidades que ocupaste siendo mozo, negadas muchas veces a los viejos, porque deseo acercarme a la particular cima de tu felicidad, si es que el fruto de las cosas mortales tiene algún peso de bienaventuranza. ¿Podrá, acaso, por más que sobrevengan maquinaciones de infortunios, borrarse de la memoria aquella claridad de ver tus hijos promovidos al Consulado desde tu casa, ya con la concurrencia de los padres, ya con el aplauso de la plebe? ¿Y cuando ellos sentados en las sillas curules dentro de la Curia, tú, dando las gracias al rey, mereciste ser alabado de ingenioso y fecundo? ¿Y cuando en el circo, en medio de dos cónsules, pudiste contentar con el triunfal donativo la ansia de la confusa muchedumbre? Por lo cual me hace creer que tú engañaste a la fortuna el tiempo que te acariciaba y provocaba a sus riquezas, porque te alzaste con la joya que jamás fió de hombre particular. ¿Y con todo eso quieres ponerte a cuentas con la fortuna ahora?

Cuanto a lo primero, demos que ahora te haya mirado con ojo maligno; si cotejas el número y modo de los días buenos con los malos, hallarás que hasta ahora no puedes menos de contarte por dichoso; porque si así no te presumes, no más que por haberse volado las cosas alegres, no es causa de afligirte por eso, que también las tristes se vuelan. ¿Por ventura has venido a esta comedia de la vida de repente y como huésped? ¿O piensas que hay permanencia en las cosas humanas, sabiendo que muchas veces una sola hora suele arrebatar al mismo hombre? Que aunque la seguridad de permanecer en lo que es tocante a la fortuna es cosa rara, al fin el último día de la vida viene a ser muerte de la fortuna estable. Además de esto, ¿qué diferencia hallas tú en dejarla muriendo o ella en dejarte huyendo?

## METRO III

Cuando por el alto Polo
esparce su luz el sol,
sobre caballos que tienen
de rosa el caparazón,
el rostro de las estrellas,
que hasta allí blanco se vio,
empieza a empalidecerse
con el grande resplandor;

y cuando el verano alegre,
que del Favonio sintió
la lisonja en sus rosales
purpureando el color,
oye del rabioso Austro
el enfurecido son,
deja también las espinas
desnudas de su valor.
Muchas veces en el mar
se ve la instable región
resplandecer sosegada
con uniforme color;
y muchas trémulamente
recibir el pardo horror
de la tormenta que vino
en brazos del aquilón.
Pues si de esta variedad
consta el mundo, y su tenor
es reducir a mudanza
todas las cosas que son:
¡ea!, da crédito fijo
de la fortuna al favor,
caduco, dalo a los bienes
que se van con pie veloz;
porque ya está decretado
por ley eterna de Dios,
que nada conste de cuanto
consta de generación.

## PROSA IV

Yo entonces le dije: -¡Oh, ama de todas las virtudes! Confieso que dices la verdad; que no puedo negar la feliz carrera de mi prosperidad, y esto es lo que más me deshace cuando me acuerdo. Porque entre todos los desdenes de la fortuna, ninguno llega al haber sido feliz; que es un linaje de adversidad infelicísimo.

-Tú-dijo ella-pagas la pena de una falsa opinión; y así de razón no puedes echarle la culpa a las cosas. Porque si mueve este vano nombre de felicidad afortunada, conviene considerar que conmigo te quedan muchas y grandes; y así lo más estimado que en todo el patrimonio de tu fortuna poseías, eso mismo por merced del cielo se te está guardando sin lesión alguna. ¿Pues podrás quejarte del rigor de la fortuna, estando salvas las cosas más principales? Cuanto a lo primero vive sin daño aquella inestimable reverencia del género humano tu suegro, Símaco, a quien tu redimirías no perezoso con el precio de tu vida; varón por su sabiduría y virtudes consumado, que estando seguro de recibirlas, hace gran sentimiento de tus injurias. Vívete la mujer de ingeniosa modestia y de honestidad consumada, y para concluir con sus prerrogativas, semejante a su padre; y digo que para ti sólo desea la vida, no obstante que para sí la aborrece, y en solo esto concederé mengua en tu felicidad, que es verla por cariño tuyo deshecha en lágrimas y tristeza. ¿Qué diré de tus hijos consulares, en cuya edad pueril resplandece, no solamente la muestra del ingenio del padre, sino también la del abuelo? Y pues es cierto que el cuidado mayor que los mortales tienen es conservar la vida, ¡oh, dichoso de ti si llegas a conocer tu ventura!, pues al fin te sobra ahora lo que ninguno niega ser más amable que la misma vida. Por tanto, enjuga ya las lágrimas, puesto que aún no todos los infortunios te son contrarios en todo. Ni es tan terrible la tormenta que se ha levantado, pues están firmes las anclas, que no despiden el consuelo de este tiempo presente ni la esperanza del venidero.

BOECIO.-Y lo estén-dije yo entonces-ruego al cielo; porque si ellas duraren, suceda como sucediere, al fin nadaremos. Pero con todo eso, bien ves cuánto esplendor se nos haya extinguido.

FILOSOFÍA.-Algo hemos aprovechado, pues al fin no te lastimas de toda tu contraria suerte. Pero no puedo sufrir tus delicadezas, cuando te veo ansiar tan lloroso y lastimero, porque le falte un algo a tu felicidad. ¿Quién es de tan entera ventura que no sienta en el estado de sus cosas alguna reyerta? Antes es tan vidriosa la condición de los humanos bienes, que o jamás sucede como se desea, o jamás en un mismo tenor permanece. De éste vemos que abunda en hacienda, pero está corrido con la bajeza de su sangre. De aquél, que se da a conocer con su nobleza; pero con la estrechura de su mendiguez se hace desconocido. El otro, felice en todo esto, llora el estado de su vida soltera. Cuál, dichoso en casamiento, pero sin hijos, engorda para los ajenos su patrimonio; y cuál, alegre con la sucesión, suele llorar las travesuras del hijo o de la hija. Así que ninguno conviene en todo con la condición de su suerte, porque no hay cosa que no tenga que ignorar antes de la experiencia. Añade a esto que el sentido del dichoso es tan delicado, que si no suceden las cosas a medida de su antojo, se desmaya con la novedad de cualquier infortunio. Tales son las cosas que destemplan la fortuna de los más felices. ¿Cuántos habrá, si lo consideras, que se tendrían por muy vecinos a las estrellas si llegasen a tocar una parte de lo mucho que te ha quedado? Este lugar a quien tú llamas destierro viene a ser patria para sus habitadores. Así que ninguna cosa es en sí desdichada, sino la que tú presumes serlo. Y, por el contrario, ninguna suerte que no sea dichosa, si se lleva con buen pecho. ¿O quién es aquel, por felice que sea, que si se deja vencer de la impaciencia, no desee mudar estado? Cuán llena está de acíbar la dulzura de la humana felicidad, échase de ver en que al que le parece más agradable, si se le va, aunque él lo quiera, no puede detenerse. Luego consta cuán azarosa sea la dicha de las cosas mortales; pues no siempre dura acerca de los sufridos ni del todo deleita acerca de los ansiosos. ¿Por qué, pues, ¡oh mortales!, teniéndola dentro de vosotros, buscáis fuera la felicidad? El error y la ignorancia es quien os embelesa.

Te mostraré en pocas palabras el fundamento de la suma felicidad. ¿Acaso para ti hay cosas más estimables que tú? Dirás que no. Luego si tú fueres señor de ti, tendrías en tu mano lo que jamás querrás perder ni la fortuna podrá quitarte. Y porque sepas que no puede haber felicidad en estas cosas que son de la fortuna, haz esta cuenta. Si la felicidad es un sumo bien de la naturaleza, que se guía por razón, ni aquello puede llamar sumo que se puede quitar por algún modo, siendo así que aquello es más excelente que el poder quitarse; luego síguese que la mudanza de la fortuna no puede llegar a adquirir la bienaventuranza. Mas el que es sublimado de esta caduca felicidad, o sabe que es variable o no. Si no lo sabe, ¿qué dichosa puede ser la suerte que trae consigo la incertidumbre de la ignorancia? Si lo sabe, será fuerza que pierda lo que no tiene duda que se puede perder, y así el continuo temor no le deja ser dichoso. ¿O piensa acaso que lo ha de despreciar si se perdiere? Luego bien tenue es el bien, que cuando se pierde no da cuidado. Y porque sé que por muchas demostraciones estás persuadido y aun convencido que las almas de los hombres en ninguna manera son mortales; y como sea evidente que la felicidad fortuita se acaba con la muerte, no puede ponerse en duda sino que si ésta puede traer la bienaventuranza, todo el linaje humano con el fin de la muerte viene a caer en la misma desdicha. Pues si sabemos de muchos que no sólo con la muerte, sino con los dolores y tormentos, alcanzaron el fruto de la felicidad, ¿de qué manera esta vida presente puede hacer dichosos si pasada no hace desdichados?

## METRO IV

Cualquiera que quisiere
fundar un edificio
durable, en quien el Euro
no tenga señorío,
si despreciar procura
el golfo, cuando esquivo,
las cumbres amenaza
con poderosos bríos,
debe, cuerdo, abstenerse
de los enhiestos riscos
y huir de las sedientas
arenas del peligro;
porque el protervo Austro
allí gasta sus hipos,
y aquí ceden al peso
con miembros desunidos.

Por tanto, si te huyeres
de los amenos sitios,
sobre firmada peña
harás tu asiento fijo.
Que después, aunque el viento
afecte con bramidos
desencasar los mares
y agotar los abismos,
tú, feliz y constante,
murado y defendido,
de sus iras burlando
te gozarás tranquilo.

PROSA V

Y porque ya las blanduras de mis razones van en ti obrando, será bien, a lo que imagino, usar de remedios un poco más fuertes. ¡Ea!, si son tan caducos y momentáneos los favores de la fortuna, ¿qué cosa hay en ellos, o que pueda ser jamás vuestra, o que bien mirado y considerado no sea despreciable? ¿Por ventura las riquezas son preciosas por causa vuestra, o por naturaleza suya? ¿Y de ellas cuál es lo más principal? ¿Acaso el oro, o cantidad de dinero amontonado? Porque, en la verdad, ellas más lucen cuando se reparten que cuando se amontonan. Y vemos lo que en la avaricia de ordinario hace odiosos y la liberalidad ilustres. Pues si lo que se da no queda en poder del que lo da, luego hemos de creer que entonces es precioso el dinero, cuando por razón de liberalidad deja de poseerse. Mas si cuanto hay en el orbe de la tierra viniese a poder de uno, es fuerza que haga a los demás necesitados. Pero la voz toda igualmente llena de oídos de todos; mas vuestras riquezas, si no es desmembradas, no pueden repartirse entre muchos; y siendo así es fuerza que hagan pobres a los que dejan. ¡Oh, pues, angostas y pobres riquezas, indignas de que todas las posean muchos, pues no vienen a poder de alguno sin que dejen pobres a los demás! ¿Acaso el resplandor de las piedras preciosas es el que arrebata a los ojos? Pues cierto que si hay algo de insigne en este resplandor, de parte de las piedras es, y no de los hombres. Y así me admira en gran manera ver que se admiren de ellas los humanos. ¿Pues qué razón hay para que ánima racional juzgue por hermoso a lo que carece de movimiento de alma y de trabazón de miembros? Las cuales, aunque por beneficio de su artífice y por su lustre, han recibido algo, pero de menor hermosura e inferior a vuestra excelencia, no por eso merecían vuestra admiración. ¿Acaso os deleita la belleza de los campos?

BOECIO.-¿Pues no, si es una parte bella de la obra más bella? Además de esto, nos alegramos con la cara del mar en leche, y nos admiramos del cielo, estrellas, sol y luna.

FILOSOFÍA.-Por ventura, ¿tócate algo de estas cosas, u osas jactarte con el resplandor de ellas? ¿Acaso vestiste del verano con sus flores, o te abultas con la fertilidad y frutos del estío? ¿Por qué te dejas llevar de gozos vacíos? ¿Por qué te alzas con los bienes de otros como si fueran tuyos? Pues es cierto que jamás la fortuna hará tuyo lo que hizo de ti ajeno la naturaleza. Los frutos de la tierra es llano que se deben a los animales para alimentos. Pues si quisieres socorrer tu necesidad, que es lo que le basta a naturaleza; con poco o casi nada se contenta; pero si quieres oprimir su hartura con superfluidades, o lo que le echares te sabrá desabrido o te será dañoso. También pensarás que el brillar con gallardos vestidos es cosa bella; y si alguno fuere agradable a la vista, entonces más me admiraré de la excelencia de la materia o del ingenio del artífice. ¿O acaso te hace dichoso la larga procesión de criados? Pues advierte de ellos que si son de malas costumbres, es un muy perjudicial embarazo y enemigos, naturalmente, de su propio dueño; y si de buenas, ¿cómo es posible que se cuente la ajena bondad entre sus alhajas? De todo lo cual se saca que ninguna cosa buena de éstas se puede apetecer por hermosa. ¿Pues por qué has de sentir que se pierda ni alegrarte de que se quede? Y si ellas lo fueren por naturaleza, ¿a ti te toca? Además, que estas cosas, aunque estuviesen muy ajenas de ser tuyas, te agradarían. Ni por eso son preciosas porque se juntan, a tus riquezas, que antes por habértelo parecido, gustaste que se juntasen en ellas. ¿Pues qué es lo que deseáis con tanto estruendo de fortuna? Pienso que a desviar la necesidad con la abundancia, y al cabo os sucede muy al revés. Porque para guardar la diversidad de una opulenta recámara, son menester muchos requisitos; y así hallo ser verdadera aquella sentencia: que quien posee mucho tiene necesidad de mucho. Y, por el contrario, han menester muy poco los que miden su abundancia conforme a la necesidad de naturaleza, y no conforme a lo superfluo de la ambición. ¿Es posible que en vosotros mismos no hay algún bien colocado, sino que le habéis de buscar en lo exterior y postizo? Así es la siniestra condición de las cosas, que un animal divino por la parte racional piense que no puede lucir si no es con la posesión de unas alhajas muertas. Las otras cosas conténtanse con lo que es suyo; pero vosotros, siendo semejantes en la mente a vuestro Dios, y de sublime naturaleza, buscáis la hermosura en las cosas bajas, y no sabéis cuánta injuria le hacéis con ello a vuestro Criador. El quiso que el linaje humano presidiese sobre todas las cosas terrenas, y vosotros sometéis esta dignidad a las cosas más ínfimas. Porque ningún bien hay en ninguna cosa que no sea mejor que la misma cosa. Pues si juzgáis por vuestros bienes las cosas más bajas, es cierto que vosotros por vuestra misma opinión os sujetáis a ellas. Todo lo cual os sucede no sin vuestro merecido; porque la condición de la humana naturaleza es en esta manera; que entonces prefiere a las demás, cuando se conoce; y cuando dejare de conocerse, que sea reducida a más bajeza que los brutos. Porque a los demás animales la ignorancia les viene por naturaleza; pero a los hombres, por defecto. Cuán manifiesto sea este vuestro error, se ve en que pensáis que se puede recibir hermosura con prestados adornos, y eso no puede ser, porque si alguna cosa campea de las postizas, lo postizo viene a ser lo celebrado, que lo que con ello se encubría y tapaba, siempre se quedó en su misma fealdad. Por lo cual, yo niego que pueda ser bueno lo que daña al que lo tiene. ¿Y acaso miento? Dirás que en ninguna manera. Que las riquezas mil veces dañaron a los que las poseyeron, siendo verdad que todo hombre malo, por el mismo caso que es amigo del dinero ajeno, mientras está cargado de oro y piedras preciosas se tiene a sí solo por el más digno. Tú, pues, que sobresaltado ahora temes la pica y la espada, si hollases el camino de esta vida como viandante vacío, tengo por sin duda que cantarías a la vista del mismo salteador. ¡Oh, pues, insigne bienaventuranza de las mortales riquezas, que con la posesión de ellas vienes a perder la seguridad!

## METRO V

Feliz primera edad,
que negándose al deleite,
quebrantaba los ayunos
con las bellotas alegre.
Ni de los dones de Baco
adulteraba las mieses,
ni atosigaba de grana
las sedas resplandecientes;
antes con salud al sueño
brindaba la hierba verde,
licor ministraba el río
y sombra el pino eminente.
De las alturas del mar
aun no platicaba el huésped,
ni con varias mercancías
iba a playas diferentes.
Callaba el son de la trompa,
sin que los oídos crueles
contaminasen de sangre
el campo de los paveses.
¿Pero qué enemiga saña
había de embravecerse
para mortales heridas
sin premio que lo supliese?
¡Ojalá que las costumbres
antiguas la edad presente
recibiera, y se purgara
de los achaques que tiene!
¿Pero cómo si las ansias
de adquirir riquezas vienen
a ser más ardientes ya
que los propios mongibeles?

¡Ay del primero que fue
descubridor insolente
de la fineza del oro,
perdonada desde siempre!
El de las piedras de estima,
que afectan al esconderse,
haciendo plaza, labró
contra sí preciosas redes.

## PROSA VI

¿Pues qué diré de las dignidades y potencia a quien vosotros, sin saber cuáles sean las verdaderas, igualáis con el cielo? Estas, si caen en cabeza de un hombre malo, ni los incendios del Etna cuando vomita llamas ni un diluvio son ocasión de mayores estragos. Tengo por cierto que no se te ha olvidado que vuestros mayores quisieron borrar del todo el imperio consular por su soberbia, con haber sido el principio de la libertad, por la cual habían echado primero el real nombre de la ciudad. Y si sucede, que es raro, que tales honras se encabecen en hombres buenos, ¿qué otra cosa es la que agrada sino la bondad de los que la ejercitan? Y así es que no reciben las virtudes el honor de la dignidad, sino la dignidad de las virtudes. ¿Pues qué diremos que es esta vuestra ilustre y admirable potencia? ¡Oh animales terrenos!, ¿es posible que no consideráis que tales sean a los que queréis mandar? Pues si tú vieras a un ratón que con gran solicitud afectaba tener el mando entre todos los demás ratones, ¿con cuánta risa lo celebrarías? Tras esto, si bien lo consideras, ¿hallarás cuerpo más vidrioso que el hombre, a quien muchas veces suele matar la picadura de una mos-quilla, o la entrada en la cueva de cualquiera sabandija reptil? ¿Y quién tiene potestad sobre alguno que sea más que en el cuerpo? Y lo que dentro se esconde, ¿podrá, digo, la fortuna dominarlo? ¿Por ventura alguna vez podrás mandar al alma? ¿O moverás del puesto de su propio sosiego a la mente que está fija en su razón? Pues sabe que queriendo una vez un tirano obligar a un varón libre con tormentos a que en una conjuración que contra él se había hecho descubriese los demás cómplices, se mordió la lengua y, cortada, la tiró a la cara del embravecido tirano; y así lo que él pensaba ser materia de crueldad, el varón sabio la hizo que fuese de virtud. ¿Qué cosa puede hacer uno contra otro que no la pueda recibir de otro? De Busyris, que solía matar los huéspedes, sabemos que fue muerto por Alcides, su huésped. Régulo a muchos cartagineses que tomó en la guerra echó a prisiones, y él luego vino a dar las manos a las cadenas de los mismos prisioneros. Finalmente, ¿piensas que es de alguna importancia el poderío del que no puede impedir que otro no haga en él lo que él puede en otro? Además de esto, si estas dignidades y potencia tuviesen en sí algún bien natural y propio, es cierto que jamás caerían en los malos, que no se suelen hermanar las cosas entre sí contrarias, que la naturaleza rehúsa que se hermanen. Y supuesto que no hay duda que las más de las veces los hombres malos están llenos de dignidades, fácilmente se colige que estos tales no pueden ser bienes por naturaleza, pues se dejan poseer de los malos; y esto mismo se puede juzgar mejor de todos los demás dones de la fortuna, que con abundancia cayeren en cualquier hombre perverso. Por razón de los cuales se debe considerar también que nadie duda que en quien se mira colocada la fortaleza sea, fuerte, y al que la ligereza patrocina sea ligero. Y así vemos que la Música hace músicos, la Medicina médicos y la Retórica retóricos; porque la naturaleza de cada cosa solamente obra lo que es de su cosecha, sin juntarse jamás a los efectos de su contrario, que antes los aparta de sí de buena gana. Pero las riquezas en ninguna manera pueden apagar la avaricia ni la potencia hacer libre al que los deleites libidinosos tienen amarrado con cadenas, incontrastables. Ni la dignidad colocada en los malos hace que sean dignos; que antes los descubre y manifiesta por indignos; ¿de qué, pues, nace que los bienes de la fortuna no obran conforme a lo que parece ser propio de ellos? ¿De qué os deleitáis de graduar con falsos títulos lo que es en sí contrario y que el efecto descubre con facilidad? Y así de razón ni aquéllas se pueden llamar riquezas, ni ésta potencia, ni la otra dignidad. Y últimamente conviene hacer esta misma conclusión de todo género de fortuna en quien no se ha de poner el deseo. Y de que no tenga bien ninguno de los que lo son por naturaleza échase de ver en que ni siempre se junta a los buenos ni hace buenos a los que se junta.

## METRO VI

Ya vimos las ruinas
que causara aquel fiero
cuchillo de los padres,
de la ciudad incendio:
el que muerto el hermano
en odio de los cielos,
con la materna sangre
humedeció el acero,
a quien ni sólo un llanto
costó el cadáver yerto,
que a la beldad difunta
censor se mostró seco.
Este, pues, mantenía
debajo de su cetro
cuantos el sol alumbraba
recién nacido y muerto,
y cuantos se contienen
del Ártico hemisferio
hasta el Noto que cuece

el africano suelo.
Pero valiole poco
el encumbrado puesto
a Nerón, finalmente,
para dejar de serlo.
¡Ay, pues, y cuán acerba
la suerte corre al tiempo
que se añade una espada
a un capital veneno!

## PROSA VII

Yo entonces le dije: -Bien sabes tú cuán-poco dominio ha tenido sobre mí la ambición de las cosas mortales, sino que tan sólo la he deseado para que fuese materia de ocupación y que no se pasase en silencio la virtud.

Y- ella entonces: -Una cosa sola vi-dijo-que puede atraer los ingenios por naturaleza insignes, pero que aún no han llegado a la última mano de las virtudes en cuanto a la perfección: conviene a saber, el apetito de alabanza y la fama de servicios hechos a la república. Y cuán menudo sea todo esto, y de cuán poco peso, considéralo de esta manera. Todo el círculo de la tierra, según lo alcanzaste por las demostraciones astronómicas, viene a ser respecto del espacio del cielo un punto. De modo que si se comparara con la grandeza del celeste globo, totalmente será tenida por tanto como nada. Pues de esta región tan pequeña del mundo apenas es la cuarta parte la que se habita por nosotros, animales conocidos, según lo testifica Ptolomeo. Y si a esta cuarta le quitas, discurriendo todo lo que ocupan mares y lagunas y la extendida región de las Sirtes, hallarás que apenas les queda a los hombres una pequeñísima plaza en qué habitar. ¿Y es posible que estando estrechados y encarcelados en el más pequeño punto de este punto tratáis de pregonar vuestra fama y extender vuestro nombre? Pues ¿qué puede tener de grande y magnífica la gloria que se abrevia en tan pequeños límites? Añade tras esto que este mismo vallado, con ser de tan estrecha vivienda, le habitan infinitas naciones, diversas en costumbres y en modo de vivir de toda su vida; a las cuales, ya sea por la dificultad de los caminos, ya por la diversidad del lenguaje y ya por la desconveniencia del comercio, es imposible que pueda llegar la fama, no sólo de cada varón en particular, pero ni aun de cada ciudad. Finalmente, en la edad de Marco Tulio, según él lo da a entender en cierto lugar, aún no había pasado de la otra parte del Cáucaso la fama de la romana señoría, pese que estaba entonces en todo su crecimiento y era terror de los Partos y de los otros sus habitadores. ¿Pues no miras cuán estrecha y abreviada gloria sea la que procuras dilatar y extender? ¿Por ventura la gloria del nombre romano podrá pasar donde no pudo llegar la fama? ¿Pues qué será cuando las costumbres e institutos de tan diversas gentes entre sí desconvienen? Siendo así que acerca de unos hay cosas que siempre son tenidas por dignas de alabanza y acerca de otros por dignas de castigo. De donde nace que si a uno le fuere deleitable la estimación de la fama, en ninguna manera le está bien acerca de otros muchos pueblos publicar su nombre. Luego habrase de contentar con que sólo ande su gloria entre los suyos; y al fin aquella ilustre inmortalidad de la fama se habrá de estrechar en los límites de una sola nación. Además de esto, ¿a cuántos varones insignes en su edad ha sepultado la ignara negligencia de los escritores? Pero también, ¿qué aprovechan los mismos escritos si a ellos y a sus autores los oprime la antigüedad cuando es larga y oscura? Vosotros, pues, parece que queréis adquirir la inmortalidad, cuando cuidáis de la fama del tiempo venidero; pues si la comparas a los infinitos espacios de la eternidad, ¿qué duración hallarás en tu nombre que pueda deleitarse? Considera que el breve espacio de un momento, si viene a parangón con el intervalo de diez mil años, no obstante que uno y otro es espacio determinado, con todo eso viene a ser de pequeñísima proporción. Pues este mismo número de años, multiplicado muchas veces, en ningún modo puede ser comparado a la infinidad. Porque si hay lugar para que tenga comparación entre sí lo determinado, en ninguna manera le puede haber entre lo finito con lo infinito. Y así sucede que la fama del tiempo más prolongado, si se coteja con la inextinguible eternidad, no sólo viene a parecer pequeña, pero totalmente ninguna. Finalmente, vosotros no sabéis hacer cosa buena, sino sustentaros de unas ventoleras populares y de unos rumores vanos; y desamparando la bondad de las virtudes y buena conciencia, andáis a caza de unas ajenas alabancillas. Pues oye de la manera que se burló un tirano, y cuán donosamente, de la liviandad de un arrogante. Fue el caso que como cargase de oprobios a éste, que se había vestido del nombre falso de filósofo, que lo era, no tanto por el ejercicio de la virtud, cuanto por captar la vanagloria, y le dijese que él echaría de ver en él si era filósofo cuando le viese llevar bien y con paciencia algunas injurias. El, pues, sufrió ya cuantas por un poco de tiempo, y después de haber pasado por la ignominia, finalmente engreído, le dijo: ¿Y ahora conócesme por filósofo? Y él, mordacísimamente, le respondió: Conociéralo si hubieras callado. Por esto, ¿qué les hace a los varones grandes (porque con ellos vamos hablando) que en la virtud buscan la alabanza? ¿Qué, diré yo, les toca a ellos la fama después que se desata el cuerpo con la postrimera muerte? Porque si (que lo impiden nuestras reglas que así se crea) los hombres mueren en todo, la gloria totalmente es ninguna, puesto que totalmente no ha quedado nada de quien era. Pero si el alma bien de sí satisfecha, después de suelta de la terrena cárcel, busca el cielo ya libre, no entonces desdeñando todos los negocios terrenales, y gozando de la celestial morada, se regocija en verse escapada de la tierra.

## METRO VII

El que desatinado
tiene esta gloria por la suma alteza,
levante la cabeza,

y haga atención del cielo dilatado
y luego de la tierra
que en tan estrechos límites se encierra,
y quedará corrido
de que la pompa de su nombre en vano
ocupe el sitio humano.
¿Pues por qué la cerviz del engreído,
que tan vana se funda,
quiere salir de la mortal coyunda?

   Ya con tendido vuelo
se dilate la fama en mil regiones,
ya con claros blasones
brille el solar y se levante el cielo
de todo hace victoria
la muerte y de la más excelsa gloria
Y juntamente esquiva
la plebe con los grandes amontona,
y también parangona
con los valles la cumbre más altiva,
y de los torreones
hace lo que el gañán de los terrones.

   Si no, ¿díganme donde
yacen los huesos del leal Fabricio?
¿Qué césped o edificio
hospeda a Bruto y a Catón esconde?
Harto breve es la fama
que en unas pocas letras se derrama.

   Tras esto, ¿qué importancia
trae el saber los nombres más validos?
¿Danse ya los extinguidos
acaso a distinguir de la ignorancia?
Luego, al fin, ignorados
quedáis y de la fama no aclarados.

   Y si pensáis que el vano
soplo de vuestro nombre os atesora
gran vida, ha de haber hora
que os arrebate aun esto de la mano;
y será trance fuerte
el padecer después segunda muerte.

## PROSA VIII

Y porque no presumas que yo traigo guerra implacable con la fortuna, te diré que hay veces en que les aprovecha a los hombres, y no poco, aquella embustera. Conviene a saber, cuando se descubre, muestra su frente y declara su condición. Pienso que aun lo que te he dicho no debes de entender. Pero es tan notable lo que voy a decir, que apenas lo puedo explicar con palabras; pues siento que la fortuna aprovecha más a los hombres adversa que favorable; porque ésta siempre miente cuando con capa de felicidad nos parece halagüeña; aquélla siempre dice la verdad cuando se muestra instable con la mudanza. Esta engaña, aquélla enseña; ésta, con la faz de unos falsos bienes, ata el juicio de los hombres; aquélla los suelta con la experiencia de su quebrada felicidad. Además de esto, verás a ésta hinchada, floja y siempre ignorante de sí misma; y a aquélla, templada, diligente y con los ejercicios de la misma adversidad cuerda. Finalmente, la favorable con sus caricias trae a los hombres descaminados del verdadero bien; pero la adversa, como con garfio, los reduce al verdadero camino. Fuera de esto, ¿contaré yo acaso entre las cosas mínimas ver que aquella áspera y rigurosa fortuna te descubre las voluntades de los amigos fieles? Ella te hace distinguir los semblantes ciertos de lo dudoso; porque huyéndose te llevó los que eran de su parte y te dejó los que eran tuyos. ¿Esto en cuánto lo compraras tú cuando te presumías entero y bien afortunado? Pues deja ahora de quejarte de tus bienes perdidos, puesto que has hallado los amigos, que es el linaje de riqueza más estimado.

## METRO VIII

Múdase en concordia el mundo
con una constante ley,
y las contrarias semillas
en perpetua paz se ven.
Con carroza de oro el día
bañado del rosicler
nos da el sol, porque la luna
rija a las noches después;
las noches que van siguiendo
el apresurado pie
del vespertino lucero,
y con hinchado vaivén
detiene el mar su corriente,
y la razón es porque
no extienda sobre las tierras
su dilatado poder.
Todo lo liga el amor,

y hace que la tierra dé
a su coyunda cerviz,
y el mar y el cielo también.
Pero si soltare el freno
cuando se abraza, hará que
continuamente guerree
sin jamás tregua tener;
y la máquina a quien mueven
hoy con hermanada fe
los elementos, que pierda
su concertado nivel.
Este de los santos pueblos
anuda la paz, sin que
haya división, y al fin
al matrimonio da ser.
Este promulga sus fueros
y se los da a conocer
a los amigos leales:
¡Oh, pues, dichosas; oh, pues,
almas las de los mortales,
si llegáis a merecer
que amor os rija, el que rige
la celestial redondez!

# LIBRO TERCERO

De la consolación por la filosofía

## PROSA I

Ya la Filosofía había acabado su cántico, y yo con todo ese atado a la suavidad del verso proseguía goloso y embelesado, pagándole en atentos oídos, hasta que de allí a un poco le dije: «¡Oh sumo alivio de los fatigados espíritus! Cuanto consuelo me hayas dado con el peso de tus razones y con la melodía de tu música, es de tal manera, que desde aquí adelante me tengo que juzgar por inferior a los golpes de la fortuna. Así que de los remedios que poco ha decías ser más eficaces no sólo no tengo miedo, sino que codicioso de oírlos te los demando con gran instancia.» Entonces dijo ella:

FILOSOFÍA.-Écholo de ver viéndote cuán mudo y atento oías mis razones; cuando el hábito de tu entendimiento limpie, o lo que es más cierto, perfeccione yo misma, porque es llano que los remedios que quedan son al gustarlos mordaces, pero dulces interiormente al recibirlos. Y porque te muestras tan ansioso en el escuchar, ¡oh, con cuán ardiente deseo te encenderías si supieses a qué parte te procuramos encaminar!

BOECIO.-¿Pues a qué parte?-le dije yo.

Y ella respondió:

FILOSOFÍA.-A la verdadera felicidad, de que tu alma tiene algunos barruntos; y por estar la vista embarazada con las semejanzas no puede llegar a verse

Yo, entonces, le dije:

BOECIO.-Suplícote que sin más tardanza me des a conocer esa verdadera.

Y ella respondió:

FILOSOFÍA.-Harelo de buena gana por ti. Pero trataré primero de pintarte y formarte con palabras la felicidad de que tú tienes más conocimiento, para que cuando volvieres los ojos en contrario puedas conocer el perfecto dechado de la verdadera bienaventuranza.

## METRO I

El que quisiere sembrar
un campo muy generoso,
de suerte que las espigas
de Ceres vengan a colmo,
debe quitar lo primero,
con el gañivete corvo,
no sólo matas y helechos,
sino los demás estorbos.
También suele el que ha gustado

manjares nada sabrosos
hallar mayor suavidad
en el panal de los corchos.
Y las estrellas si brillan
con más espléndido rostro
es al tiempo que las furias
lloviosas reprime el Noto.
Y luego, al fin que el lucero
deshizo el oscuro toldo,
se muestra en su carro el día
más purpurado y hermoso.
Tú también, que antes supiste
de los bienes mentirosos,
retira el cuello y sabrás
de los que son bienes propios.

## PROSA II

Entonces, clavando la vista en el suelo por un breve espacio, así como si se hubiera recogido al rincón ilustre de su entendimiento, empezó a decir de esta manera:

FILOSOFÍA.-Todo el cuidado de los mortales en quien versa el trabajo de muchos estudios se encamina por diferentes sendas con ansia de sólo llegar al fin de la bienaventuranza. Llámase bien aquello que después de adquirido no se desea más de allí en adelante, y éste es el sumo de todos los bienes y el que en sí los comprende a todos; porque si alguno le faltara, no se pudiera llamar bien sumo, por razón de tener fuera de sí cosa que pudiera desear. Luego sácase de aquí que la bienaventuranza es perfecto estado por causa de la trabazón que tiene de todos los bienes. Este, como ya hemos dicho, procuran los mortales conseguir, pero por diferente vereda, porque, naturalmente, está impreso en la razón de los hombres el apetito del verdadero bien; pero el error descaminado le lleva al despeñadero del engañoso. Y así hay algunos que creen estar el sumo bien en no tener necesidad y afán por abundar en riquezas. Otros, pensando que está colocado en lo que trae consigo veneración, instan, después de haber adquirido las dignidades, por ser reverenciados de sus ciudadanos. No faltan también otros que ponen el sumo bien en la suma potencia, y éstos procuran o reinar por sí o pegarse a los que reinan. Pero a los que la fama les parece cosa magnífica, éstos se apresuran por extender su glorioso nombre, ya por los estudios de la paz como por los ejercicios de la guerra. También son muchísimos los que casan el fruto de la felicidad con el gozo y alegría; y éstos tienen por suma dicha el abundar en deleites. Hay también otros que truecan estos fines y causas por otras, como los que desean riquezas por granjear con ellas poder y deleite; o, a la contra, que desean poder por adquirir riquezas o extender el nombre. Y en éstos y en los demás sus semejantes versa la intención de los apetitos y actos humanos, como la fama y el aplauso del pueblo, que parece engendran un linaje de lustre, y la mujer y los hijos que desean para deleitación; bien que los amigos, que es un género de santidad, no se cuentan por bienes de la fortuna, sino de la virtud; pero lo demás se apetece o por causa del poder o del deleite. Pues los bienes del cuerpo de suyo está que se deben referir a los de arriba; porque la fuerza y la grandeza es visto dar poder; la hermosura y ligereza, fama, y la salud, deleite. Por todo lo cual consta ser sólo bienaventuranza lo que se desea, porque lo que uno codicia sobre todas las cosas eso es lo que reputa por sumo bien. Y así nosotros decimos que el sumo bien es la bienaventuranza, por el estado que cada uno juzga por dichoso ése es el que desea sobre todos los otros. Pues, ea, ¿ves?, aquí tienes delante de los ojos el tanto monta de la humana felicidad, esto es: riquezas, honras, poder, fama y deleites, que considerado todo por Epicuro, sacó por consecuencia que el sumo bien estaba colocado en sólo el deleite, porque las demás cosas son visto traerle al alma deleitación. Pero vuelvo a los cuidados de los hombres, cuya razón, aunque la memoria está ciega, con todo eso anda en busca del sumo bien, y sucédele como al embriagado, que no sabe por qué calle ha de echar para volver a su casa. ¿Por ventura son visto errar los que procuran no tener necesidad de nada? Pues ninguna otra cosa puede asimilar con perfección a la bienaventuranza que el estado que abunda de todos los bienes y que de nada tiene necesidad, sino que antes contiene en sí lo que le basta. ¿Por ventura derrótanse los que juzgan por muy bueno lo que es dignísimo de reverencia? En ninguna manera, porque no puede ser vil ni despreciable lo que por adquirirlo anhela el deseo de casi todos los mortales. ¿O acaso el poder no debe contarse entre los bienes? Pues qué, ¿o por ventura se debe juzgar por débil y sin fuerzas lo que se sabe ser más fuerte que todas las cosas? ¿O la fama no debe estimarse en nada? Pero no puede ser desechada por razón de que todo lo que es excelente es visto por celebradísimo. Pues de que la bienaventuranza no tenga zozobras ni tristeza ni esté sujeta a dolores ni enfados, cuando no se diga: ¿qué importa? Si en las cosas menores apetecemos aquello de que nos deleiten al tenerlas y gozarlas. Así que éstas son las cosas que pretenden alcanzar los hombres, y por esta causa desean riquezas, dignidades, reinos, alabanzas, deleites, y por ellos creen que les ha de sobrevenir abundancia, reverencia, poder, fama y alegría. Luego bien puede llamarse bien lo que los hombres buscan por tan diversos caminos. En lo cual se conoce fácilmente cuánta sea la eficacia de la naturaleza, pues siendo tan varios y encontrados los pareceres, al fin se convienen en apetecer la causa final del bien.

## METRO II

Dame gusto de cantar,
tiplado en pausadas cuerdas,
de las riendas con que rige

las cosas Naturaleza.
Y luego con que aranceles
el ancho mundo conserva
añudando a cada una
con lazos que no se sueltan.
Los africanos leones,
ya traigan prisiones bellas,
ya por mano ajena coman
y ya los azotes teman
del riguroso leonero,
si acaso a bañarse llegan
en sangre, luego convierten
la mansedumbre en fiereza,
y con horrendo bramido
volviendo a cobrar sus fuerzas
salen de las ataduras,
y en el primero que ceban
es en el su domador,
y en quien, haciéndole piezas,
descargan todas sus iras
con dentadura sangrienta.
El pajarillo que al ramo
pagó en música parlera,
si viene por algún caso
a ser huésped de unas verjas,
por más que el juglar cuidado
de los hombres le provea
de largo pasto y le unte
el bebedero con néctar,
luego que libre se escapa
de la jaula y a ver llega
la espesura de los bosques,
la comida esparce y huella,
y tan solamente busca,
entristecido, las selvas,
y en las selvas susurrando
con dulce voz las recrea.
También la planta que un tiempo
rindió la cumbre a las fuerzas
del que la doblaba y, dócil,
obedeció a la violencia,

al tiempo que siente flojos
los pulsos de aquella diestra,
vemos que otra vez al cielo
se vuelve a mirar derecha.
También si trastorna el carro
Febo en las ondas Hesperias,
le vuelve a dar al oriente
por no conocidas sendas.
Al fin no hay cosa criada
que a su principio no vuelva,
con cuya acción cada una
naturalmente se alegra.
Que a nadie es dada otra orden
sino la que unir espera
el origen con el fin,
haciendo estable la vuelta.

## PROSA III

Vosotros también, ¡oh animales terrenos!, tenéis barruntos de vuestro origen, aunque con pequeña vislumbre y embotada vista, bien que llevada de algún conocimiento miráis de lejos el fin de la bienaventuranza; porque el intento de la naturaleza es llevaros al verdadero bien, pero de él os desvía el error variable. Si no, considera si será posible que los hombres lleguen a su fin deseado por las cosas con que presume adquirir la bienaventuranza. Porque si las riquezas, o las honras, o las demás cosas trajeren consigo algún bien en quien no parezca faltar ninguno de los demás, desde luego te confesaré yo que con la adquisición de ellas se hacen algunos felices. Pero si no pueden dar lo que prometen, y al fin carecen de muchos bienes, ¿no se ve claro que sólo se halla en ellos la falsa apariencia de la felicidad? Pues así primeramente, que poco ha abundabas en riquezas, quiero preguntarte: ¿Por ventura, entre tanta opulencia, no hubo alguna zozobra, causada de alguna injuria que perturbase tu corazón?

Yo le respondí:

BOECIO.-No me acuerdo de haber tenido tan cabal el ánimo que no estuviese de ordinario ansioso.

FILOSOFÍA.-¿Y acaso no era eso por razón de faltarte lo que deseabas y de sobrarte lo que no querías?

BOECIO.-Así es-dije.

FILOSOFÍA.-Finalmente, deseabas de aquello la presencia y la ausencia de esto.

BOECIO.-Habré de confesarlo.

Y ella dijo a esto:

FILOSOFÍA.-¿De manera que cada uno necesita de lo que desea?

Y yo le respondí:

BOECIO.-Sí necesita.

FILOSOFÍA.-Luego quien de algo necesita no tiene totalmente lo suficiente.

BOECIO.-En ninguna manera.

FILOSOFÍA.-¿Luego tú padecías, en medio de tus riquezas, esta insuficiencia?

BOECIO.-¿Y por qué no?

FILOSOFÍA.-¿Luego la hacienda no es poderosa para hacerle a uno que de nada no necesite y que se baste a sí mismo, porque esto no era lo que parecía prometer? También pienso que es muy digno de consideración que el dinero, por su naturaleza, no tiene poder para hacer que no se les quite contra su voluntad a los que le tienen.

BOECIO.-Yo lo confieso.

FILOSOFÍA.-¿Y por qué no lo has de confesar, si cada día el que es más valiente se lo quita a otro, a su pesar? ¿Y de dónde hay tantas querellas judiciales, sino de dineros que se piden por parte de aquellos a quien les fueron tomados contra su voluntad, o violenta, o dolosamente?

BOECIO.-Así es.

FILOSOFÍA.-¿Luego tendrá necesidad cada uno exteriormente de buscar quien le ayude a guardar su dinero?

BOECIO.-¿Quién puede negarlo?

FILOSOFÍA.-¿Así que no tuviera necesidad de esta ayuda si poseyera lo que no podía perder?

BOECIO.-No puede eso dudarse.

FILOSOFÍA.-Luego la cosa ha corrido en contrario; porque las riquezas, de quien se pensaba fueron en todo suficientes, hallamos que antes hacen menesterosos de socorro ajeno. ¿Pues cuál es el modo con que, mediante las riquezas, se extinga la necesidad? ¿Por ventura los ricos no pueden tener hambre? ¿No sed? ¿O acaso los miembros de los muy hacendados no sienten el frío del invierno? Pero dirás: por lo menos, tienen los ricos con qué matar el hambre y la sed y con qué expeler el frío. Confieso que de este modo puede la necesidad aliviarse con las riquezas, pero quitarse totalmente no puede; porque si ésta, que de este modo puede la necesidad aliviarse con las riquezas, es fuerza que permanezca la que puede hartarse. Callo aquello de que a la naturaleza de lo poco le sobra y a la avaricia nada le basta. Por tanto, si las riquezas no pueden quitar la necesidad, sino que antes la hacen propia, ¿por qué habéis de creer de ellas que dan la suficiencia?

## METRO III

Aunque el avaro allegue
un mar de plata y oro
y junte mil riquezas
sin que les halle el fondo;

aunque cuelgue a su cuello
las perlas del mar Rojo,
y rompa con cien bueyes
los campos espaciosos,
no por eso el cuidado
dejará estarle ocioso,
ni muerto las riquezas
le seguirán tampoco.

## PROSA IV

También dirás que las dignidades hacen honrado y reverenciable al que las tiene. ¿Por ventura es la fuerza de los magistrados tal que injieran en las almas de los que los administran virtudes o desarraiguen vicios? Antes me parece que sirven más de manifestar la ignominia que de ahuyentarla. De donde nace que muchas veces nos indignamos de ver las dignidades colocadas en hombres muy malos. Y de aquí Cátulo llamó a Nonio, por verle sentado en silla curul, Lamparón. ¿No ves, pues, cuánto denuesto les acarreen estos honores a los malos? Claro está que la indignidad de los tales se hará menos conocida si no fuere ilustrada con algunos honores. Tú, finalmente, por más amenazas que te hicieron, no pudiste ser reducido a aceptar el magistrado juntamente con Decorato, por haber visto en él un ingenio burlesco y calumnioso. ¿Pues por ventura podremos juzgar por dignos de reverencia, a causa de tales honras, a los que sabemos ser de ellas indignos? Mas dime: al que sintieses dotado de sabiduría, ¿acaso podrías presumirle indigno de reverencia o de la misma sabiduría de que está dotado?

BOECIO.-En ninguna manera.

FILOSOFÍA.-Porque la virtud en sí tiene su dignidad, la cual imprime luego a los que se junta. Y porque esto no pueden hacer las honras populares, es visto no tener en sí la pureza de la dignidad. En lo cual se debe advertir principalmente que cuanto es más abatido uno, tanto más es de muchos abatido por la dignidad, porque como ella no pueda hacer estimados a los que muestra despreciados de muchos, hemos de conceder que la dignidad antes hace malos, y con su pena, porque los malos les pagan a las dignidades en la misma moneda, dejándolas infamadas con su contacto. Y para que sepas que no se puede alcanzar la verdadera reverencia por estas aparentes dignidades, has de hacer este argumento: Si uno que ha sido muchas veces cónsul aportase acaso a tierras de bárbaros, ¿haríale aquel honor estimado de ellos? Pues es cierto que si las dignidades tuvieran este oficio por naturaleza, que no cesarían en él por ningún modo, aunque se hallasen en cualquier parte del mundo, a la manera que el fuego, que igualmente calienta en todos lugares. Pero como a las dignidades no les viene el honor por virtud propia, sino por la opinión de los hombres, luego al punto que llegan a tierras donde no son conocidas por tales se desaparecen. Pero sea esto en cuanto a las naciones extranjeras; en cuanto a la natural, en que ellas tuvieron origen, es cierto que no siempre duran, porque la

Prefectura fue un tiempo gran magistrado, pero hoy un hombre vano y carga pasada del tributo senatorio. Si antiguamente había quien tuviese cuidado de la provisión del trigo era tenido en gran estimación; pero, ahora, ¿qué cosa hay más por el suelo que esta Prefectura? Así que, como poco ha dijimos, lo que no tiene propia bondad en sí, sino por la opinión de los que le manejan, sucede que unas veces recibe lustre y otras le pierde. Pues si las dignidades no son poderosas para hacer honrados; si con el contacto de los malos se contaminan; si por la mudanza del tiempo pierden el resplandor; si en la estimación de otras naciones vienen a envilecerse, ¿qué bondad deseable pueden en sí contener, cuanto y más para dar a otros?

## METRO IV

Aunque de grana soberbia
de Tiro, y de margaritas
semejantes a la nieve
en la blancura se vista,
no por eso dejará
de ser, por su gran lascivia,
aborrecido Nerón
de toda su monarquía.
Este perverso en un tiempo
daba a las curules sillas
de los padres hombres bajos
y de costumbres indignas.
¿Pues quién tendrá por dichosas
las honras que se originan
de los que por sus maldades
fueron la suma desdicha?

## PROSA V

¿Acaso los reinos, o la privanza de los reyes, son bastantes para hacer a uno poderoso? ¿Por qué no, puesto que la felicidad de ellos dura para siempre? Pero llena está la antigüedad de ejemplos, llena también la edad presente de la mudanza que han hecho reyes de felicidad a miseria. ¡Oh poder insigne, que jamás se ha hallado bastante para su conservación! Pues si la potencia de los reinos es causa de la bienaventuranza, ¿no es llano que por la parte que faltare disminuye la felicidad y acarrea la miseria? Y cuando extendidamente se dilaten los imperios, es fuerza que haya muchas naciones en quien no tenga dominio otro cualquiera de los reyes. Y así, por la parte que deja de hacer dichosos la potencia, se entra la impotencia, que hace desdichados. Luego por este camino es fuerza que se les acarree a los reyes mayor parte de miseria. Experimentado estaba un tirano de su peligrosa suerte cuando comparó el miedo de su reinar al terror que causaba una espada colgada sobre una cabeza. ¿Pues qué potencia es la que no puede echar de sí los remordimientos de los cuidados ni los aguijones de los miedos? Estoy cierto que quisieran los reyes vivir seguros; pero no pueden, y con todo eso se glorían de ser poderosos. ¿Pues juzgas por tal al que miras desear lo que no puede alcanzar? ¿Tú, por poderoso al que anda rodeado de alabardas? ¿Tú, al que teme más que los que él amedrenta? ¿Tú, al que para parecer poderoso anda en poder de los que sirven? ¿Pues qué diré yo de los privados de los reyes, si los mismos reinos se muestran llenos de tanta flaqueza? A los cuales suele muchas veces derribar la potestad real estando segura y muchas estando decaída. Nerón, a su privado y maestro Séneca forzó a elegir manera de muerte; Antonino entregó a las espadas de los soldados a Papiniano, que había sido poderoso en palacio, y ambos quisieran renunciar el derecho de su potencia. De los cuales Séneca deseó dar sus riquezas a Nerón y pasar lo demás en ocio. Pero como la máquina, cuando se desgaja, lleva tras sí a los que han de caer, así ninguno de ellos pudo conseguir lo que pretendía. ¿Pues qué poder es éste que le temen los que le poseen, y que no estás seguro cuando le quieres tener, ni puedes estorbar cuando le deseas dejar? ¿O acaso son de resguardo los amigos que juntó la fortuna, y no la virtud? Pues a quien la felicidad hizo amigo, es cierto que la desdicha convertirá en enemigo. Porque ¿qué pestilencia hay más eficaz para el daño que el enemigo que fue familiar nuestro?

## METRO V

El que fuere con blanco
de hacerse poderoso
debe poner la mira
en domarse a sí propio
y no dejar vencerse
de un mal libidinoso,
ni sujetar el cuello
a un deshonesto oprobio.
Porque cuando tus leyes
tema el indio remoto
y la última Thule
te sirva, importa poco.
Que expeler los cuidados
y ahuyentar los enojos,
si no puedes, no puedes
sino menos que todos.

## PROSA VI

Pues la fama. ¡cuán de ordinario es engañosa; cuán torpe! Y así no sin razón un trágico dijo: «¡Oh fama, fama: en mil de los mortales no vienes a ser otra cosa que una grande hinchazón de orejas!» Porque muchos se han alzado muchas veces con el nombre de grandes por las falsas opiniones del vulgo. ¿Podrá, pues, pensarse algo más torpe? Porque es forzoso que se avergüencen los que con mentira son alabados. Y cuando las alabanzas fueren con méritos adquiridas, ¿qué le añaden a la conciencia del sabio, que regula el abono de ellas más por la verdad de su satisfacción que por el rumor del pueblo? Porque si esto mismo de haber dilatado el nombre parece cosa hermosa, consecuencia es de que el no haberlo extendido sea cosa fea. Pues como (que poco ha lo disputé) es fuerza que haya muchas naciones adonde no puede llegar la fama de uno, sucede que al que tú reputas por muy celebrado sea visto en mucha parte de la tierra estar no sabido. Fuera de que aún no juzgo por digno de memoria el aplauso del pueblo, a causa de que no resulta de buena censura, ni siempre dura en un Estado. Pues de que sea cuán vano y fútil el blasón de la nobleza, ¿quién no lo verá? Porque si se refiere al antiguo lustre, es ajeno. Y así es visto ser la nobleza una alabanza procedida de los méritos de los padres. Luego si la alabanza es la que ocasiona el lustre, es fuerza que aquéllos sean ilustres, ya que son alabados. Por lo cual, si tú por ti no tienes el lustre, no es posible que el ajeno te pueda hacer ilustre. Y así, lo que es bueno en la nobleza pienso que se hizo sólo para obligar a los nobles a que no degeneren de la virtud de sus padres.

## METRO VI

Todo el linaje común.
de los hombres en las tierras
viene a tener un principio
y una semejanza mesma.
Uno es el padre de todos
y uno solo el que gobierna,
por quien el sol tiene rayos
y cuernos la luna bella.
El las tierras a los hombres
dio, y el cielo a las estrellas,
y ató a los miembros el alma
que bajó de la alta esfera.
Finalmente, a los mortales
dio ser la misma nobleza;
¿pues qué blasonáis, humanos,

de abuelos y parentelas?
Si miráis a vuestro origen
y a que es Dios el autor della,
ninguno es bajo, sino
quien con vicios degenera.

## PROSA VII

¿Pues qué diré de los deleites corporales, cuyo apetito está lleno de zozobras y la ejecución de arrepentimiento? Tras esto, ¡cuántos achaques y cuán insufribles dolores (fruto de la incontinencia) llegan a padecer los cuerpos de los que los gozan, cuyo movimiento no sé que tenga nada de placentero! Antes pienso que todo hombre que se quiere acordar de sus holguras hallará que todas tuvieron los fines amargos. Y si por esto se deben llamar bienaventurados, no hay razón por qué a las bestias les neguemos este atributo, pues toda su intención no es otra que de instar por saciarse de corporal lujuria. Y cierto que fuera muy decente el placer que dan los hijos y la mujer; pero muy fuera de la naturaleza anda un dicho que hubo quien halló en sus hijos los verdugos. De los cuales cuán acerba sea cualquier suerte no es menester advertírtelo por haberlo tú experimentado en otras ocasiones y al presente hallarte fatigado, por cuya causa me convengo con la sentencia de mi Eurípides, que dijo que el que carecía de hijos era feliz con el infortunio.

## METRO VII

Todo deleite
tiene este achaque:
que a los que le poseen
aflige con pesares.
    Y es a la abeja
muy semejante:
que en haciendo las mieles
se ahuyenta y va a otra parte;
    y juntamente,
al ahuyentarse,
deja en los corazones
dolor que sana tarde.

## PROSA VIII

Y así no hay que dudar que estas sendas son unos desvíos de la bienaventuranza que a ninguno pueden llevar a la parte que prometen, y brevísimamente te mostraré de cuantos inconvenientes estén llenas. Porque ¿que trabajas, para allegar dineros? Tú se los quitarás al que los tiene. ¿Deseas ser ilustre con dignidades? Tú rogarás al que las da. ¿Deseas preferir a los demás en honra? Tú te harás abatido con la humildad del pedirla. ¿Deseas también ser poderoso? Pues estarás expuesto a las asechanzas y peligros de los súbditos. ¿Buscas a la fama? Pues, distraído por todo género de esperanzas, desistes de la seguridad. ¿Pasas la vida en deleites? ¿Pues quién no te despreciará y dará de mano, como a esclavo de tu cuerpo vilísimo y quebradizo? Así que los que anteponen los bienes corporales, ¡válgame Dios, cuán en cosa frágil y menuda se afirman! ¿Por ventura podréis sobrepujar en la grandeza a los elefantes y en la fuerza a los toros? ¿Acaso os aventajaréis en la agilidad a los tigres? Mirad el ensanche del cielo, la firmeza y celeridad, y dejad alguna vez de admiraros de las cosas viles. El cual cielo no por estas cosas es digno de admiración, sino por la causa con que se gobierna. Pues el resplandor de la hermosura, según es apresurado, menos durable es que las fugaces flores del verano. Y si los hombres acostumbraban a tener ojos de lince que penetraran con su vista los impedimentos, ¿por ventura aquel bellísimo cuerpo de Alcibíades en la superficie no pareciera feísimo mirado por dentro? Así que a ti, en conclusión, no te ha hecho hermoso la Naturaleza, sino la debilidad de los ojos de los que te miran. Pero estimad cuanto quisiereis las gracias del cuerpo, como sepáis que todo esto de que os admiráis se puede resolver con sólo el ardorcillo de una terciana. De todo lo cual conviene hacer este epílogo, diciendo que estas cosas ni pueden dar lo que prometen, ni perfeccionarse con la conveniencia de todos los bienes, ni encaminan a la bienaventuranza como si fueran vías, ni perfeccionan por sí mismas a los dichosos.

METRO VIII

¡Ay, ay, cómo la ignorancia
desvía a los miserables
de la verdadera senda!
Porque es lo cierto, mortales,
que en el árbol que está verde
jamás el oro buscasteis,
ni desgajáis de la cepa
los rubíes ni diamantes.
Para cargaros de peces
no sembráis montes ni valles
de redes, ni para el corzo
aráis los tirrenos mares,
sino que del más profundo
los escondrijos se saben,
y cuál el que lleva perlas,
y cuál el que grana trae.
También en gracia del vientre

cuál sea golfo abundante
de erizos viles o de
pesca regalada y fácil.
¿Y con saber todo esto
ciegos pueden consolarse
ignorando adonde esté
el bien que tienen por grande?
Ellos divertidos, pues,
escudriñan por hallarle
la tierra, y está más alto
que los polos celestiales.
¿Pues qué les desearé
a ingenios tan ignorantes,
sino que al fin diligencien
riquezas y dignidades,
para que después que hubieren
probado con mil afanes
el falso, conozcan luego
el bien fino y perdurable?

## PROSA IX

FILOSOFÍA.-Pero baste haber mostrado hasta aquí la figura de la falsa felicidad, si es que la miras con atención. De aquí adelante será la orden enseñarte cuál sea la verdadera.

BOECIO.-Ya veo-dije yo-que ni las riquezas pueden dar suficiencia, ni los reinos poder, ni las dignidades honra, ni la fama celebridad, ni los deleites alegría.

FILOSOFÍA.-¿Acaso has tenido las causas por que ello sea así?

BOECIO.-Paréceme que lo veo como por un pequeño resquicio; y así querría que me lo hicieses saber más a lo claro.

FILOSOFÍA.-Pues la razón está en la mano, y es que lo que por naturaleza es sencillo e invisible, el error de los hombres lo hace separable, y de perfecto y verdadero lo pasa a falso e imperfecto. ¿Acaso juzgas tú que el que necesita de poderío no necesita de nada?

BOECIO.-En ninguna manera.

FILOSOFÍA.-Bien dices; porque si en alguna cosa hay algo que sea de poder más flaco, será fuerza que necesite de socorro ajeno.

BOECIO.-Así es.

FILOSOFÍA.-Luego una misma es la naturaleza de la suficiencia que la del poder.

BOECIO.-Así lo parece.

FILOSOFÍA.-¿Y acaso eres de opinión que esto se deba despreciar del hombre, o, al contrario, júzgaslo por muy digno de reverencia?

BOECIO.-Eso no pienso que puede llegar a dudarse...

FILOSOFÍA.-Pues añadámosle a la suficiencia y poder la reverencia para que juzguemos ser estas tres cosas una sola.

BOECIO.-Añadamos, por cierto, si hemos de confesar la verdad.

FILOSOFÍA.-Pues qué, ¿juzgas esto ser oscuro y sin lustre o lo más digno de toda celebración? Pero considera que el no necesitar de nada, que el ser muy poderoso y muy digno de honra está concedido que tiene necesidad de lustre, y que este tal no puede dársele a sí, y por eso parece estar en alguna parte abatido.

A esto le respondí yo diciendo:

BOECIO.-No puedo yo creer que así sea; antes confieso que también ha de ser muy celebrado.

FILOSOFÍA.-Luego es consiguiente que hemos de conceder que el lustre no difiere nada de aquellos tres de arriba.

BOECIO.-Lo es.

FILOSOFÍA.-Luego lo que no necesita de nada y que por sus fuerzas puede todas las cosas y es ilustre y reverenciable, ¿no es claro que este tal está lleno de alegrías?

BOECIO.-Yo, a lo menos, no puedo saber de dónde le pueda venir la tristeza; por lo cual es forzoso confesar que ha de estar lleno de alegría si lo que se ha dicho arriba está en su ser.

FILOSOFÍA.-Luego por esto es necesario conceder que estos hombres de suficiencia, poder, lustre, reverencia y alegría, aunque en la significación parecen diversos, en ninguna manera lo son en la sustancia.

BOECIO.-Es forzoso.

FILOSOFÍA.-Luego lo que por la naturaleza es uno y sencillo, el mal uso de los hombres lo hace partible. Y mientras pone diligencias en adquirir alguna parte de lo que carece de partes, ni alcanza ninguna porque no la hay, ni el mismo todo porque no lo solicita.

Yo le dije entonces:

BOECIO.-¿Eso de qué manera es?

Y ella respondió:

FILOSOFÍA.-El que busca riquezas por causa de desechar la pobreza no se mata por mandar; antes quiere más ser un vil y desestimado, y además de esto privarse de muchos entretenimientos y gustos naturales, que no malgastar las riquezas que ha ganado. Y así, de este modo, ni la suficiencia le puede tocar a quien el poder desampara, la molestia punza, y la vileza postra, y la oscuridad oculta. Pues el que sólo desea potencia destruye las riquezas, desprecia los deleites, y ni estima la honra sin poder, ni la fama. Y así a éste ya ves cuántas cosas le faltan. Porque sucederá que alguna vez tenga necesidad de lo necesario y sea afligido de las congojas; y como estas cosas no pueden ser repudiadas, es fuerza que desista el ser poderoso, que es lo que más pretendía. De la misma manera conviene raciocinar de la nobleza, fama y deleite. Porque como cualquier cosa de éstas sea lo mismo que las otras, el que busca una de ellas sin las demás, ni lo que más pretende viene a alcanzar.

BOECIO.-¿Cómo es eso?

FILOSOFÍA.-Porque si alguno desea alcanzar todas las cosas por entero, es cierto que el tal desea la suma de la felicidad. ¿Pero acaso hallarala en estas cosas de quien hemos dicho que no pueden cumplir lo que prometen?

BOECIO.-En ninguna manera.

FILOSOFÍA.-Luego en estas cosas que por singulares se creen poder dar lo que en ellas se apetece, de ningún modo se debe buscar la bienaventuranza.

BOECIO.-Así lo confieso, ni puede decirse mayor verdad.

FILOSOFÍA.-Luego ya tienes la forma y causas de la falsa felicidad. Ahora vuelve los ojos de tu entendimiento en contrario, y al momento verás la verdadera que te he prometido.

BOECIO.-Por cierto-le respondí-, ésta aun para un ciego está bien clara según la mostraste, cuando instabas en descubrirnos las prosperidades de la engañosa bienaventuranza. Porque, si no me engaño, aquélla es perfecta felicidad que hace a uno en supremo grado suficiente, poderoso, reverenciable, noble y alegre. Y por que sepas que he estado atentísimo interiormente, hallo que, sin género de duda, cualquiera de éstos puede dar la verdadera felicidad por razón de tener cada uno de ellos a todos los demás.

A lo cual la Filosofía dijo:

FILOSOFÍA.-¡Oh hijo mío!, con esta opinión te juzgo por bienaventurado con sólo que añadas un poco más.

Yo le respondí:

BOECIO.-¿El qué?

FILOSOFÍA.-¿Presumes, acaso, que en estas cosas mortales y perecederas hay alguno que pueda poner a otro en ese estado?

BOECIO.-En ninguna manera yo le presumo-le respondí-; antes por ti está ya declarado, para que de aquí adelante no deseemos nada en cuanto a esto.

FILOSOFÍA.-Estas cosas, pues, realmente parece que dan a los mortales la semejanza del verdadero bien o algunos bienes imperfectos. Pero, a la verdad, el perfecto en ninguna manera pueden.

BOECIO.-En eso yo me conformo.

FILOSOFÍA.-Y puesto que has llegado a saber cuál sea la verdadera bienaventuranza y cuáles las cosas que falsamente la remedan, conviene ahora que sepas de dónde se origina para que la puedas buscar.

Yo le dije:

BOECIO.-Mucho ha que estoy aguardando sólo eso con gran afecto.

Y ella añadió:

FILOSOFÍA.-Si a nuestro Platón le agrada, como lo da a entender en el Timeo, que aun en las cosas pequeñas se debe implorar el auxilio divino, ¿qué te parece a ti que ahora hagamos para ser dignos de hallar el asiento del sumo bien?

BOECIO.-Que invoquemos al hacedor de todas las cosas -le respondí-, que sin él ningún principio se acomoda bien.

FILOSOFÍA.-Magnífico-dijo ella.

Y luego comenzó a cantar de esta suerte:

## METRO IX

Tú, que en perpetua razón el mundo gobiernas,
¡oh padre del cielo y tierra!; tú, desde tu origen,
mandas ir al tiempo continuo y nunca mudable;
las cosas eterno mudas, cuya ínclita mente
formó la fluida materia cuanto se mira,
sin que ajena mano supliese en algo, más antes
(afuera envidia) de sumo bien le llenaste.
Tú, pues, al mundo bello, bellísimo siendo,
haces a tu ejemplo, y haces que muy semejante
a ti perfecto, perfectamente produzca
sus partes todas. Tú hermanas los elementos
con dulce armonía y haces que las ondas abracen
las secas tierras, porque el ardiente elemento
no se les retire, y al cielo suyo se vuelva,
viéndose tan puro, ni juntamente la tierra
venga a sumirse con su precípite peso.
Tú, engarzando el alma media que todo lo mueve,
de naturaleza trina feliz la desatas
por muy concordes miembros; y ella últimamente
cuando en dos partida globos giró el movimiento
para en sí tornarse, camina, y la mente profunda
cerca, y el cielo con faz semejante revuelve.
Tú, con igual causa, formas las almas y vidas
menores, y en ágil carro colocando las altas,
por cielo y tierra siembras a las que, benigno,
haces a ti vuelvan después con fuego que vuelve,
pues, ¡oh Señor!, permite que el humano juicio
busque las alturas y halle la fuente benigna,
y que en ti fijados muestre los ojos abiertos
del alma, después de hallada la lumbre serena.
Rompe ya las nubes negras y el peso levanta
de esta que nos abruma terrena y máquina grande,
y brilla, ¡oh Padre luciente!, con luz rutilante.
Tú, el tranquilo ocio; tú, al fin la vista serena;

tú, el blanco a los justos eres a causa de verte,
y tu principio, llevador, guía, senda, remate.

## PROSA X

Porque ya realmente has visto la figura del bien imperfecto, y juntamente la del perfecto, ahora determino de mostrarte de qué manera esté dispuesta esta manera de perfección de felicidad. Para lo cual juzgo que lo primero se ha de buscar si es que hay algún bien, cual tú poco ha definiste, y si puede hallarse en la Naturaleza, por que no suceda que sin que haya verdad de tal cosa nos engañe la vana imagen del pensamiento. Pero no puede engañarse de que le haya, antes es como una fuente de todos los bienes. Porque todas las veces que se dice que una cosa es imperfecta lo es por tener disminución de lo perfecto. De donde nace que si en cualquier género de cosas se halla lo imperfecto es necesario conceder que en la tal se halle también lo perfecto; porque si se quita la perfección, en ningún modo se puede fingir de dónde haya nacido lo que se llama imperfecto; y así la Naturaleza jamás toma origen de las cosas faltas y no acabadas, sino que de las acabadas y enteras se desliza a estas bajas y sin sustancia. Porque si (como poco ha lo demostramos) es cierto que hay alguna felicidad imperfecta y de virtud debilitada, no puede dudarse que haya otra fuerte y perfecta.

Yo, entonces, le respondí:

BOECIO.-Eso téngolo por conclusión muy segura y muy verdadera.

Y ella añadió, diciendo:

FILOSOFÍA.-Pues en todas partes ha de considerarse de esta manera. Todo el común consentimiento de los humanos juicios conviene en que Dios es bien y principio de todas las cosas. Porque así como no se puede imaginar cosa que sea mejor que Dios, ¿quién dudará que sea bueno lo que en su comparación ninguna cosa es mejor? Y que Dios sea bueno la razón lo da a entender, pues conviene estar en él colocado el perfecto bien. Porque si no es que así sea, no puede ser origen de todas las cosas, que eso fuera decir que hay otra cosa mejor que él y que parezca ser más antigua y primera, la cual posee este perfecto bien. Y así todas las cosas perfectas primero se vieron resplandecer que las menos perfectas. Por cuya causa se ha de confesar (y esto por no alargar a la plática en infinito) que la grandeza de Dios está colmadísima del sumo y perfecto bien. Y porque pusimos que el perfecto bien era la verdadera felicidad, por tanto, es necesario que esté colocada la bienaventuranza en el sumo Dios.

BOECIO.-Así lo admito yo-le respondí-y no creo hay cosa que a esto se pueda oponer en ninguna manera.

FILOSOFÍA.-Pues ruégote-dijo ella-que veas cuán piadosa e inflexiblemente puedes probar esto que hemos dicho de que la grandeza de Dios está colmada de sí misma del sumo bien.

BOECIO.-¿Y eso de qué manera?-le respondí.

FILOSOFÍA.-No presumiendo que este hacedor de todas las cosas ha recibido el sumo bien de que está colmado de causa exterior, ni que le tiene así naturalmente, coma si la sustancia de la tenida bienaventuranza fuese diversa del mismo Dios que la tiene. Porque si pensares que la recibió de causa exterior, podrás juzgar que el que dio era más excelente que el que recibió. Pero nosotros negamos todo esto, porque le confesamos con grandísima razón por el más excelentísimo de todas las cosas. Pues si por naturaleza está en él, pero por causa diferente, cuando hablamos de Dios que es el principal de todas las cosas: el que puede finja quién haya juntado estas diferentes cosas. Luego todo lo que es diverso de otro es visto no ser aquello mismo de que se ve ser diverso. Por tanto, lo que por su naturaleza es diferente del sumo bien, es forzoso que no sea el sumo bien; lo cual es maldad pensarlo en Dios, que consta ser lo más excelente. Porque en ninguna manera puede ser la naturaleza de ninguna cosa mejor que su autor. Y supuesto que Dios es el artífice de ellas, remataré diciendo con verdad asentada que Dios, por su esencia, es el sumo bien.

BOECIO.-Y con razón-le dije yo también.

FILOSOFÍA.-Pues concedido está que el sumo bien es la bienaventuranza.

BOECIO.-Así es.

FILOSOFÍA.-Luego de necesario hemos de conceder que Dios es la misma bienaventuranza.

Yo, entonces, le respondí diciendo:

BOECIO.-Confieso que no puedo contradecir a las proposiciones arriba dichas, sino que veo que es muy consecuente esta ilación.

FILOSOFÍA.-Pues mira-añadió-cómo de aquí (para que esto se pruebe con más firmeza) se saca que no puede haber dos sumos bienes, que entre sí difieren; porque es cosa manifiesta que de los bienes que entre sí discordan no sea el uno lo que es el otro. Según lo cual ninguno de ellos puede ser perfecto, porque a cada uno le falta el otro; y lo que no es perfecto es cosa sabida que no puede ser sumo. Luego los que hubieren de ser bienes sumos en ningún modo pueden ser diversos. Por lo cual colegimos que Dios y la bienaventuranza son el sumo bien. Y es necesario que lo que fuere la suma bienaventuranza sea la suma divinidad.

BOECIO.-Por cierto-le dije yo entonces-, no puede concluirse con verdad más cierta, ni con razón más firme, ni con cosa que sea más digna de Dios.

Y ella luego añadió.

FILOSOFÍA.-Pues sobre lo dicho, al modo que los geómetras suelen añadir alguna cosa a sus demostraciones, que ellos llaman axiomas, así yo también a esta traza te daré como un corolario, y es que con la adquisición de la bienaventuranza se hacen los hombres bienaventurados. Y porque la bienaventuranza es la misma divinidad, así es claro que con la adquisición de la divinidad se hacen bienaventurados. Y así como con la posesión de la justicia se hacen justos, y con la de la sabiduría, sabios, así por la misma razón es necesario conceder que por la posesión de la divinidad se hacen dioses. Luego todo bienaventurado es dios. Y ya que por naturaleza no haya más de uno, por participación no quita que puedan ser muchos.

BOECIO.-Ciertamente bello e inestimable es lo que has dicho, ya le llamemos axioma o corolario.

FILOSOFÍA.-Pues lo que la razón manda que se añada a esto es supremamente hermoso.

BOECIO.-¿Y qué es?

FILOSOFÍA.-Como sea visto que la bienaventuranza contenga en sí muchas cosas, es necesario saber si todas ellas constituyen uno como cuerpo de bienaventuranza, dudando con alguna diversidad de partes, o haya alguna entre ellas que ocupen la sustancia de la bienaventuranza, a la cual se reduzcan las demás.

BOECIO.-Bien quisiera yo que me lo declarases haciendo memoria de ellas.

A lo cual la Filosofía dijo:

FILOSOFÍA.-¿Acaso no juzgamos por bien a la bienaventuranza?

Y yo le respondí:

-Y por el sumo.

A lo que ella añadió:

FILOSOFÍA.-Pues conviene que esto mismo digas de las demás, porque realmente la misma suficiencia es suma, y suma la misma potencia; y de la misma suerte la estimación y el lustre y deleite son reputados por suma bienaventuranza.

BOECIO.-¿Pues qué tenemos con eso?

FILOSOFÍA.-Que todos estos bienes, suficiencia, potencia y los demás, son como unos miembros de la bienaventuranza, o acaso todas estas cosas refiérense al bien como a la cima.

Yo le respondí:

BOECIO.-Bien entiendo lo que propones para inquirirlo, pero deseo oír lo que determinas.

FILOSOFÍA.-Pues oye y verás cómo lo debes distinguir. Si todas estas cosas fueran miembros de la bienaventuranza es cierto que entre sí mismas discreparían, porque la naturaleza de lo que es parte es de tal calidad que siendo diversas hagan un cuerpo.

BOECIO.-Sí, pero ya se ha hecho demostración cómo todas estas cosas es una misma.

FILOSOFÍA.-Luego en ninguna manera son miembros, porque de otra suerte parecería que la bienaventuranza se componía de un solo miembro, lo cual no puede ser.

BOECIO.-Eso-respondí yo-no recibe duda, pero aguardo lo que queda.

FILOSOFÍA.-Es cosa llana que todas estas cosas se refieren al bien; y así la suficiencia se desea, porque se tiene por cosa buena, y de la misma manera la potencia, porque también se cree serlo; y esto mismo se debe considerar de la estimación, lustre y deleite. Finalmente, la causa final de todos los deseos es el bien. Porque lo que no tiene en sí ni verdad ni apariencia del bien, en ninguna manera puede ser deseado. Y, por el contrario, aun las cosas que por su naturaleza no contienen en sí bien ninguno, si tienen la apariencia, son apetecidas como si fueran los verdaderos bienes. De donde nace que el fundamento principal y causa de todas las cosas que se apetecen, es, y con mucha razón, la bondad. Porque aquello es visto desearse por cuya causa es apetecida la cosa. Como si uno quisiese andar a caballo por recuperar la salud, es cierto que el tal no tanto desea el movimiento del caballo, cuanto el efecto de la salud. Luego si todas las cosas se desean por razón del bien, es cierto que no por ellas, sino por el mismo bien, son de todos deseadas. Y hemos concedido ser la bienaventuranza la cosa por quien se apetecen todas las cosas, porque sólo ella es lo que se busca. De donde se colige manifiestamente ser una misma la sustancia de la bienaventuranza y del sumo bien.

BOECIO.-No hallo por dónde ninguno se pueda apartar de esto

FILOSOFÍA.-Probado hemos, pues, que Dios y la bienaventuranza son una misma cosa.

BOECIO.-Así es-le respondí.

FILOSOFÍA.-Luego con seguridad podemos concluir que la sustancia de Dios está colocada en el mismo bien, y no en otra ninguna parte.

## METRO X

Todos los que cautivos y ligados
con cadena estáis por el doloso
deleite, ¡oh entendimientos embotados!
venid, venid con paso presuroso;
aquí el ocio tendréis los trabajados,
aquí el puerto, aquí el gusto, aquí el reposo,
aquí patente está lo que es tranquilo;
que no hay para los tristes otro asilo.

No lo que el Tajo de dorada arena
da, o el Hermo de margen brilladora,
ni lo que el Indo que vecino suena
al orbe donde más el calor mora;
y a las piedras que imitan la verbena
junte las blancas que lloró la aurora;
todo esto da luz, antes da nieblas,
escondiendo las almas en tinieblas.

Pues lo que os llama tanto y os incita,
el vientre de la tierra lo procrea;
pero la luz por quien se facilita
el cielo, a los espíritus recrea.
Ella les da esplendor y les evita
toda calamidad oscura y fea.

Quien pudiere advertirla claramente
dirá que el sol no es sol resplandeciente.

## PROSA XI

-Convengo-dije yo-en que todas las cosas están engarzadas en razones firmísimas
Y ella luego:

FILOSOFÍA.-¿En cuánto estimarás-dijo-si llegares a saber que tal sea el sumo bien?

BOECIO.-En lo que no tiene precio-le respondí-, porque puesto que es el bien sumo Dios, será forzoso que sepa también quién sea Dios.

FILOSOFÍA.-Pues para que estas cosas-dice-, que en sí son verdaderas, se puedan declarar mediante razón, conviene que por ahora se queden las que poco ha resolvimos.

BOECIO.-Que se queden-le respondí. Y ella dijo:

FILOSOFÍA.-¿Por ventura no mostramos ya que aquellas cosas que se apetecen de muchos, por eso mismo no son verdaderos ni perfectos bienes, a causa de la repugnancia que en sí tienen? Porque es cierto que por el mismo caso que una se falta a otra, es forzoso que no puedan dar el bien colmado ni perfecto; pero entonces constituyen el verdadero bien cuando se ciñen en una forma y hacen una esencia; de manera que la suficiencia esa misma sea potencia, estimación, lustre y deleite; porque mientras todas éstas no fueren una misma cosa, no llegarán a tener nada de lo que se atribuye a las cosas que se apetecen.

BOECIO.-Paréceme-le dije yo-que está bien declarado, de lo cual no puede dudarse en ninguna manera.

FILOSOFÍA.-Porque es cierto-añadió ella-que los bienes que entre sí repugnan no pueden ser bienes; pero cuando empezaren a ser uno, entonces se hacen bienes. Pues ven acá, ¿para que éstos sean bienes no ha de ser por medio de la unidad?

BOECIO.-Así lo parece-le respondí yo. Y ella:

FILOSOFÍA.-Y dime, todo lo que es bueno, ¿es acaso bueno por la participación del bien, o no?

BOECIO.-Concedo que lo es:

FILOSOFÍA.-Pues por la misma razón conviene que me concedas que el bien y él no son una misma cosa, cuya sustancia debe ser una respecto de no tener por naturaleza el efecto entre sí diverso.

BOECIO.-Eso no puedo yo negarlo.

FILOSOFÍA.-¿Has llegado acaso a saber cómo todo cuanto hay en tanto es durable y perteneciente en cuanto es uno, y que entonces perece y pierde el ser cuando deja de serlo?

BOECIO.-¿En qué modo?

FILOSOFÍA.-Pongamos el ejemplo en los animales, cuando cohabitan y duran entre sí, que el alma y cuerpo se llaman animales; pero cuando esta unidad con la división de cada uno se desata, es evidente que entonces muere y deja de ser animal.

También cuando el mismo cuerpo permanece en su forma con la juntura de sus miembros representa una figura humana; pero si las partes del tal cuerpo divididas y apartadas deshicieren su unidad, es cierto que deja de ser lo que antes era. Y discurriendo por las demás cosas se da a entender claramente que todo cuanto hay permanece mientras es uno; y, por el contrario, entonces perece cuando deja de serlo.

Yo le respondí:

BOECIO.-En muchas cosas que yo considero hallo que no puede ser otra cosa.

FILOSOFÍA.-¿Pues hay alguna cosa obrando naturalmente que deje el deseo de ser, y desee venir a su perdición y muerte?

BOECIO.-Si considero los animales que tienen facultad de querer y no querer, no hallo que ninguno, no siendo forzado exteriormente, desdeñe la voluntad de permanecer, y que se arroje de buena gana a la perdición; porque todo animal trabaja por conservar su vida, y se desvía de lo que puede ocasionar ruina y muerte. Pero qué deba sentir de las hierbas y árboles, qué de las cosas inanimadas, totalmente lo dudo.

FILOSOFÍA.-Pues no hay cosa por que debas dudar de eso, viendo que las hierbas y las plantas cuanto a lo primero nacen en lugares muy a propósito; y así en cuanto es de su naturaleza en ninguna manera pueden marchitarse, ni consumirse tan presto; porque las unas nacen en los campos, otras en los montes, algunas se huelgan con las lagunas y otras se abrazan con las peñas; y tales hay que se hacen fecundas con la esterilidad de las arenas, y de tal suerte que si las trasladas a diferentes partes se marchitan y secan. Da la Naturaleza a cada cosa lo que le conviene, y trabaja por que no perezcan, pudiendo permanecer. ¿Qué diré yo, pues, como si todas tuviesen la boca cosida con la tierra, le chupan el alimento por las raíces, y en sus tuétanos esparcen su lozanía y corteza? ¿Que si considero que así como el tuétano es la más noble parte, así siempre está guardado en lo más interior, a quien exteriormente defiende lo más robusto del leño, siendo la corteza el último defensivo que se opone contra las inclemencias del aire, como más sufrido miembro? Además de esto, cuánto sea el cuidado de la naturaleza en que todas se acrecientan, multiplicándoles las semillas. Todo lo cual, ¿quien ignora ser como unas tramoyas, no sólo para conservarse hasta cierto tiempo, sino para durar perpetuamente? También aquellas cosas que son tenidas por inanimadas, ¿por ventura no desean por esta misma razón conservar cada una en sí misma lo que es suyo? ¿Por qué, di, la levidad levanta las llamas hacia arriba, y el peso despeña las tierras hacia abajo, sino porque estos lugares y causas motivas convienen con cada cual de estas cosas? Así que lo que es benévolo a cada una es causa de su conservación; como, por el contrario, lo que es enemigo, causa de su ruina. También a las cosas duras como las piedras verás que fuertemente se pegan a sus partes, y por no recibir disolución se defienden. Y las que son líquidas, como el aire y el agua, qué fácilmente se dejan dividir, pero luego se vuelven a juntar. El fuego rehúsa todo género de apartamiento. Verdad es que ahora no tratamos de los voluntarios movimientos del alma que conoce, sino de su natural intención, como lo vemos en las viandas que hemos comido, que las digerimos sin ayudarnos de la imaginación, y sin atender alentamos entre sueños. Y así a los animales no les viene el deseo de permanecer por causa de la voluntad del alma, sino por principios de la Naturaleza. Porque muchas veces la voluntad por causas que le movieron abraza la muerte que la Naturaleza rehúye; y, por el contrario, tal vez prohíbe la voluntad la obra de engendrar, mediante la cual tienen duración las cosas mortales, y a quien siempre desea la Naturaleza. De manera que este amor propio no le viene al animal de su motivo, sino de la intención de la Naturaleza. Porque la divina Providencia a las cosas por sí criadas les dio ésta como la causa más principal para conservarse, que es desear naturalmente vivir hasta en cuanto pueden. Así que no hay razón por que dudar puedas en ningún modo de que todo lo que tiene ser apetece naturalmente la constancia de permanecer, y rehúsa la de su ruina.

BOECIO.-Confieso-le dije yo-que veo con toda claridad lo que poco ha me parecía confuso.

FILOSOFÍA.-Así que-prosiguió ella-esto de apetecer el durar y consistir no es otra cosa que desear ser uno, porque quitado esto ninguna cosa le quedará.

BOECIO.-Así es la verdad-le respondí yo. Y ella añadió:

FILOSOFÍA.-Luego todas desean el uno.

BOECIO.-Consentido lo he.

FILOSOFÍA.-Y el uno hemos probado ser lo mismo que el bien.

BOECIO.-Puntualmente.

FILOSOFÍA.-Luego todas las cosas apetecen el bien, el cual le has de definir de esta suerte: que el sumo bien es aquel que es deseado de todos.

BOECIO.-Por cierto-yo le respondí-, ninguna cosa puede imaginarse más verdadera; porque o se ha de reducir a nada todo, y andar vacilando sin caudillo como sin cabeza; o si es que hay cosa a quien todas las demás se apresuren, claro es que la tal será el sumo de todos los bienes.

Luego ella me dijo:

FILOSOFÍA.-En grande manera me alegro, hijo mío, de que hayas fijado en tu alma el carácter mismo de la media verdad. Y esto se te ha declarado lo que ignorabas poco ha, según tú decías.

BOECIO.-¿Y qué era?-le dije yo. Y ella:

FILOSOFÍA.-Saber quién era el fin de todas las cosas. Que verdaderamente éste es el que viene a ser deseado de todas. Y así a lo que hallamos que en sí es bueno, conviene que le confesemos por el fin bueno de todas las cosas.

METRO XI

El que con hondo juicio
quiere saber la verdad,
y juntamente desea

no ser engañado más,
lo primero que ha de hacer
ha de ser con circular
giro ceñir los deseos
que dilatados están ;
y luego enseñarle al alma
cómo dentro de sí hay
todo lo que por de fuera
anda buscando sagaz.
Con esto la nube negra
del error se ahuyentará,
quedándose entre esplendores
que más que el sol brillarán.
Que si el hombre se vistió
de olvido en la humanidad,
agravado con el peso
de la masa corporal;
no por eso la porción
superior quiso dejar
del todo la luz que asiste
en la mente racional.
Y así preguntados luego
liberalmente juzgáis
con rectitud de las cosas;
y es porque dentro os está
punzando en el corazón
el fomes de la verdad.
Que si de Platón la Musa
no nos engaña, nos da
a entender bien que es recuerdo
cuanto aprendemos acá.

## PROSA XII

Yo entonces le dije:

BOECIO.-En gran manera me acomodo a la sentencia de Platón; porque de estas cosas me has hecho acordar por dos veces. La primera, cuando perdí la memoria, con el contacto del cuerpo; y la segunda, cuando me sentí oprimido con la carga de esta tristeza.

Entonces la Filosofía dijo:

FILOSOFÍA.-Si mirares lo que antes de ahora has conocido no estará muy lejos de que se te acuerde también lo que poco ha confesaste que ignorabas.

BOECIO -¿Y qué era ello?-le respondí. Y ella dijo:

FILOSOFÍA.-¿Qué tales son los timones con que se gobierna el mundo? Yo entonces le respondí:

BOECIO.-Acuérdome haber confesado mi ignorancia. Y aunque como de lejos vea lo que quieres decir, con todo eso lo deseo saber de ti más por entero.

A lo cual ella añadió:

FILOSOFÍA.-De que este mundo se gobierne por Dios, poco ha que tú pensabas que no se podía poner en duda.

BOECIO.-Así es verdad-le respondí-; ni ahora lo juzgo de otra manera ni jamás pensaré que pueda dudarse; antes diré brevemente las razones por que soy de este parecer. Consta el mundo de partes tan encontradas que no pudiera permanecer en una forma, si no es que hubiese una que tantas variedades uniese, y unidas esta misma contradicción de sus naturales discordes entre sí las desatara, si este uno que las ató no las detuviese. Fuera de esto, ni se siguiera tan concertado el tenor de la naturaleza ni el efecto daría tan bien ordenados los movimientos por lugares, tiempos y espacios, si no hubiese uno que siendo permanente acomodase la diversidad de estas mudanzas. Pues a esto cualquiera que sea por quien las cosas criadas son y se mueven, usando del vocablo que todos usan, llamo yo Dios.

Entonces ella me dijo:

FILOSOFÍA.-Siendo tú de este parecer, poca diligencia me queda que hacer para que, dueño ya de la felicidad, vuelvas libre a visitar tu patria. Pero volvamos a ver lo que hemos propuesto. Ven acá: ¿entre las cosas que hacen a la bienaventuranza no contamos la suficiencia? Antes, finalmente, dijimos ser ella la misma bienaventuranza.

BOECIO.-Así es.

FILOSOFÍA.-Luego para gobernar el mundo no tendrá necesidad de otras ayudas; porque si tuviese necesidad de algo, ya entonces no tendrá cumplida la suficiencia.

BOECIO.-Así ha de ser de fuerza.

FILOSOFÍA.-Finalmente, él por sí solo ordena todas las cosas.

BOECIO.-Eso no puede negarse.

FILOSOFÍA.-De que Dios sea el sumo bien ya está verificado.

BOECIO.-Impreso lo tengo en la memoria.

FILOSOFÍA.-Luego mediante el bien ordena todas las cosas, puesto que por sí las gobierna todas, y por el bien le reconocemos, siendo a la traza del timón o gobernalle por quien esta máquina del mundo se conserva permanente y sin corrupción.

Y entonces le respondí:

-Eficazmente me allego a esa opinión, y que habías de hablar de ella un poco antes tuve una pequeña sospecha.

FILOSOFÍA.-Créolo-me dijo-; pero ya, según yo lo pienso, muestras los ojos más despiertos para ver la verdad; y así lo que yo diré ahora no se hará menos patente a la vista.

BOECIO.-¿Y qué es ello?-le respondí. Y ella añadió:

FILOSOFÍA.-Como sea creíble conforme a razón que todas las cosas gobierna Dios con el clavo de su bondad, esas mismas, según ya lo tengo enseñado, es cierto que aceleradamente corren al bien con natural instinto. ¿Pues acaso puede dudarse de que se gobiernen voluntariamente, dejándose llevar del arbitrio del que las dispuso, y esto de buena gana como obedientes a su gobernador propio?

BOECIO.-Y es necesario que así sea-le respondí-, porque no sería gobierno dichoso, antes parecería yugo de repugnantes, y no salud de obedientes.

FILOSOFÍA.-¿Luego no hay cosa que siguiendo su naturaleza intente oponerse a Dios?

BOECIO.-Confieso que ninguna.

FILOSOFÍA.-Pero si lo intentase, ¿podría acaso salir con algo, siendo contra quien es en sumo grado poderoso por razón de la bienaventuranza, según ya lo hemos concedido?

BOECIO.-Es cierto que totalmente no podría salir con ello.

FILOSOFÍA.-¿Luego no hay cosa que quiera ni pueda oponerse contra este sumo bien?

BOECIO.-No la imagino.

FILOSOFÍA.-Luego el sumo bien es el que con fortaleza gobierna todas las cosas, y con suavidad las encamina.

Yo entonces le dije:

BOECIO.-¡Oh, cómo me deleita, no sólo el concluyente sumario de tus razones, sino aún mucho más las mismas razones de que usas, para que finalmente se avergüence la ignorancia que en otro tiempo despedazaba las cosas insignes!

Y ella entonces:

FILOSOFÍA.-Bien has leído-dijo-en las Fábulas que los gigantes peleaban contra el cielo, y cómo también la benigna fortaleza los trató como ellos merecían. ¿Pues quieres que opongamos estas razones entre sí? Quizá saltará de este encuentro alguna centella hermosa de la verdad.

BOECIO.-Déjolo a tu elección.

FILOSOFÍA.-Que sea Dios el más poderoso ninguno habrá que lo dude.

BOECIO.-Por lo menos quien constare de entendimiento no vacilará sobre ello.

FILOSOFÍA.-Luego quien es el más poderoso de todos, ¿habrá cosa que no pueda?

BOECIO.-Ninguna, por cierto.

FILOSOFÍA.-¿Por ventura, Dios puede hacer algún mal?

BOECIO.-En ninguna manera.

FILOSOFÍA.-Luego el mal viene a ser nada, puesto que no lo puede hacer el que todo lo puede.

Yo entonces le dije:

BOECIO.-¿Búrlasme acaso, tejiéndome un laberinto de inextricables razones, con el cual, ya entrando por donde sales y ya saliendo por donde entras, haces un admirable ovillo de la divina sencillez? Porque poco ha que empezando por la bienaventuranza, decías que era el sumo bien, y que estaba colocada en el sumo Dios. También disputabas que el mismo Dios era el sumo bien y la colmada bienaventuranza, de la cual ninguno podía gozar que no fuese Dios juntamente con él; y esto lo diste por vía de corolario. Luego platicabas que la forma del bien era la esencia de Dios y de la bienaventuranza, y que el mismo uno era el bien, el cual era buscado de la naturaleza de todas las cosas. Y argüías también que Dios con los gobernalles de su bondad regía la universal máquina, y que todas las cosas de voluntad le obedecían, y que la naturaleza del mal era ninguna; y esto lo declarabas sin aprovecharte de ayudas exteriores, sino de cosas que se apoyaban unas a otras, y de argumentos caseros, que insertabas.

Entonces ella:

FILOSOFÍA.-En ninguna manera-dijo-yo me burlo, sino con el favor de Dios, a quien poco ha invocamos, hemos dado alcance a la cosa mayor y más excelente de todas. Porque es tal la forma de la divina esencia, que no se puede deslizar a cosa de fuera, ni recibir en sí cosa exterior, sino como de ella dijo Parménides: Tú llevas de voluntad en círculo a toda la muchedumbre; que es como si dijera: trae alrededor el orden movible de las cosas, y él mismo se conserva inmóvil. Y así no hay de qué te admires si hemos usado de razones, y no de afuera, sino de las colocadas dentro del círculo de lo que hemos tratado. Antes debes saber, con Platón, que ordena que las palabras sean muy parientas de la materia de que se habla.

## METRO XII

¡Oh, dichoso el que ver pudo
la fuente clara del bien,
y de la pesada tierra
las ataduras romper!
El músico Rodopeo,
gimiendo triste una vez
la muerte tan desastrada
de su querida mujer, despúes
que con sus endechas
las selvas movió, y despúes
que detuvo de los ríos
la manantial rapidez,
tras cuyos milagros luego
hizo que el ciervo le dé

lazo intrépido al león,
que se precia de cruel,
y juntamente la liebre,
que no palpite, aunque ve
al perro, porque apacible
le supo el cántico hacer.
Como el ardiente deseo
se cebase dentro de él,
ni el son que todo lo vence
le pudiese socorrer,
a las deidades de arriba
se acogió; mas viendo que
todas le correspondían
sordas y con esquivez,
las infernales de abajo
buscó solícito, en quien
alternando con la voz
las cláusulas del rabel,
vertió cuanta suavidad
bebió de la fuente de
su divina madre, y cuanta
le dio el llorar y el querer;
hasta que vestido el ruego
de una suavidad cortés
se metió por las orejas
de los dioses del desdén.
Volvióse luego el portero
mudo que ladra por tres;
que a la fuerza del bemol
no. se pudo contener.
Pues las furias vengadoras
de las maldades, también
en lisonja del oír
humedecieron el ver.
Cesó de girar la rueda
de Ixión; y ni la sed
de Tántalo se curó
del agua que vio correr.
Hasta el buitre, ya embriagado
de la voz, tiene por bien
de darle al brazo de Ticio

francas treguas esta vez.
Finalmente, compasivo,
el inhumano juez,
de las sombras, dijo a voces:
-Venciónos; démosle, pues,
la esposa a su compañero,
comprada a dulce interés;
pero con tal condición
que no ha de volverla a ver
mientras pisase el infierno:
¿quién da a los amantes ley?
Amor la mayor de todas
es para sí. Mas, ¡ay!, que
Orfeo aquí a su Eurídice
vio, perdió y mató otra vez.
    Pues esta fábula mira
a todos los que queréis
levantar el alma a Dios,
que si vencidos después
volviereis al reino oscuro
los ojos, no perderéis
menos que lo principal:
que hacia el infierno no hay ver.

## LIBRO CUARTO

De la consolación por la filosofía

## PROSA I

Después que con blanda suavidad cantó esto la Filosofía, sin haber perdido el decoro de su semblante ni la entereza de su rostro, entonces yo, no olvidado en todo de mi interior tristeza, barajé la intención de ella, que ya se prevenía para hablar, y le dije:

BOECIO.-; Oh guiadora de la verdadera luz! Realmente que las cosas que hasta aquí nos ha infundido tu plática se han dado a conocer por invencibles, ya con su divina explicación, ya con tus razones, de las cuales, aunque con la pena de mi dolor estaba un poco ha olvidado, con todo eso hallo que de ninguna me hablaste de que estuviese yo antes totalmente ignorante. Pero la causa principal de mi tristeza es que, siendo el que gobierna lleno de tanta bondad, pueda haber totalmente males; y que los que hay se pasen sin castigo. O si no, considera cuanto esto sea digno de admiración. A lo cual se añade otra mayor, y es que, reinando y floreciendo la iniquidad, no sólo la virtud carece de premio, sino que anda hollada de los pies de los malvados, y en lugar de los facinerosos castigada. Y que esto suceda en el reino del que nada ignora y del que no admite cosa que no sea buena, es lo que no puede dejar de causar admiración y queja.

Entonces ella:

FILOSOFÍA.-Y sería-dijo-cosa digna de infinito asombro, y más horrible que todos los monstruos de la tierra, si como tú imaginas sucediese que en casa de un tan grande padre de familia anduviesen los vasos viles en estimación, y los estimados en desprecio. Pero no es así; porque si lo que poco ha concluimos es cierto, por el mismo autor, de cuyo reino vamos hablando ahora, conocerás que los poderosos siempre son buenos, y los malos abatidos y flacos; y juntamente que jamás los vicios quedan sin castigo, ni las virtudes sin premio; sucediéndoles siempre felicidad a los buenos y desdichas a los malos; y otras cosas muchas a esta traza que te han de servir de firmeza y de refrenarte las quejas. Y porque poco ha viste la forma de la bienaventuranza, mostrándotela yo, y en qué parte estuviese colocada; así, pasando de largo por lo que me pareciere conveniente dejar, te llevaré hasta ponerte en el camino que te puedan entrar en su casa; y le pondré unas plumas a tu entendimiento con que pueda levantarse en alto, para que de esta suerte, quitada toda perturbación, vuelvas sano a tu patria con mi guía, por mi senda y en mi carro.

## METRO I

Porque tengo unas alas
tan sueltas que vadean
de los sublimes polos
las cumbres más enhiestas,
de quien luego que el alma
se viste y adereza
empieza con fastidio
a despreciar las tierras.
Ella del aire inmenso
sobrepuja la esfera,
dejando a las espaldas
las nubes más excelsas.
Y las cumbres escala
de la región etérea,
donde el fuego, a más fuego
movido, se calienta,
hasta que en las sublimes
casas de las estrellas
subido continúe
con Febo su carrera,
y acompañe los pasos
del alado planeta
echo soldado de
su espléndida presencia;
o por donde la noche
se pinta y hermosea,
el círculo recorra
del astro que la alegra:
que después de evacuado
de ver cosas tan bellas,
deje el último Polo
dispuesto a más empresas;
y enterada su mente
de la suprema alteza
oprima los convexos
del alto y veloz Ethra,
que es donde el cetro tiene
el rey de los que reinan,
y que gobierna pío

el orbe de las tierras,
y rige el veloz carro
con estable firmeza,
siendo árbitro luciente
de todas las esencias.
Aquí, pues, si tu vía
segunda vez te vuelva
(que de ella trascordado
la buscas como nueva),
sin duda que al hallarla
dirás: mi patria es ésta;
ella me dio el origen,
vivamos, pues, en ella.
Y si de allí gustares
volverte a las tinieblas
para inquirir curioso
lo que dejaste en ellas,
hallarás que los cuervos
de quien los pueblos tiemblan
son unos desterrados
tiranos y sin fuerzas.

## PROSA II

Yo entonces le dije:

BOECIO. -¡Oh sagrado Dios, y qué de grandes cosas prometes! Si bien no por eso dudo de que las puedas obrar. Pero conviene no detener al que has incitado.

A esto dijo:

FILOSOFÍA.-En cuanto a lo primero, conviene que sepas que los buenos siempre son poderosos, y los malos, que están desamparados de todas fuerzas, y lo uno se verifica de lo otro. Porque, como en la verdad lo bueno y lo malo sean contrarios, si constare que lo bueno es poderoso, la flaqueza de lo malo será notoria. Y así, si la debilidad de lo malo estuviere clara, la firmeza de lo bueno será patente. Pero para que la verdad de nuestra sentencia sea más copiosa, proseguiré por uno y otro camino confirmando ya por éste y ya por aquél, lo que propusiéremos. Y así digo que de dos cosas solas se causan todos los efectos de los humanos actos: de voluntad, conviene a saber, y de potestad, de los cuales si uno faltare, no puede tener efecto la explicación de cualquier cosa. Porque faltando la voluntad, nadie emprende lo que no quiere; y si la potestad está lejos, la voluntad es en vano. De donde sucede que si ves a uno que no consiguió lo que ha deseado, no es cierto dudable sino que al tal le faltó el poder.

BOECIO.-Eso es cosa clara-le respondí-, y no puede negarse.

FILOSOFÍA.-Pero del que consiguió todo lo que quería, ¿podrás dudar de que tuvo poder?

BOECIO.-En ninguna manera.

FILOSOFÍA.-¿Luego en lo que uno puede es visto ser poderoso, y, por el contrario, débil en lo que no puede?

BOECIO.-Confiésolo así.

FILOSOFÍA.-¿Acuérdaste, pues-volvió a decir-, que sacamos por las razones de arriba que la intención total de la voluntad humana era encaminarse, aunque por diversos estudios, a la bienaventuranza?

BOECIO.-Bien tengo en la memoria-le dije-que ya eso está demostrado.

FILOSOFÍA.-¿Y acaso te acuerdas que siendo la bienaventuranza el mismo bien, por el mismo caso que es de todos apetecido se echa de ver que es el bien que se desea?

BOECIO.-De eso no me acuerdo-le respondí-, porque lo tengo muy fijo en la memoria.

FILOSOFÍA.-Luego todos los hombres, en conclusión, tanto los buenos como los malos, sin distinción ninguna, hacen grandísimo esfuerzo por allegarse al bien.

BOECIO.-Y eso es consecuente.

FILOSOFÍA.-Pero es cierto que los que adquieren el bien ésos son los buenos.

BOECIO.-Así es.

FILOSOFÍA.-¿Luego los buenos lo que apetecen alcanzan?

BOECIO.-Así lo parece.

FILOSOFÍA.-¿Pero los malos, si alcanzasen lo que apetecen, no sería posible ser malos?

BOECIO.-Así es.

FILOSOFÍA.-Luego, puesto que los unos y los otros apetecen el bien, y los unos lo consiguen y no los otros, es visto ser los buenos los poderosos y los malos los débiles y misérrimos.

BOECIO.-El que de eso duda, ni la esencia de las cosas entiende ni la razón de ellas.

FILOSOFÍA.-Vuelvo otra vez: Si hubiese dos a quien se les encargase una cosa muy conforme a razón, y el uno la perfeccionase naturalmente y el otro de ninguna suerte pudiese, antes la hiciese muy al contrario de lo que convenía, de manera que no pareciese cumplirla, sino imitar al que la cumple, ¿de estos dos, cuál te parece más valeroso?

BOECIO.-Aunque conjeturo lo que quieres decir, con todo eso quisiera saberlo más por extenso.

FILOSOFÍA.-¿Podrásme negar que el andar en los hombres es un movimiento natural?

BOECIO.-En ninguna manera.

FILOSOFÍA.-¿Y negarás también que para esto es necesario el oficio de los pies?

BOECIO.-Ni tampoco eso.

FILOSOFÍA.-Luego si alguno caminase con pies ágiles, y otro porque le faltan anduviese con las manos, ¿cuál de éstos será tenido por más fuerte?

BOECIO.-Vamos adelante, porque no es dudable que el que tiene facultad de hacer una cosa sea más poderoso que el que no la tiene.

FILOSOFÍA.-Pues la bienaventuranza igualmente se les propone a los malos que a los buenos; ¿pero no has visto que los buenos la pretenden por medio de la virtud y los malos por diversos apetitos, con los cuales no se consigue, o parécete otra cosa?

BOECIO.-En ninguna manera, porque está clara la consecuencia; y así, conforme lo que tengo concedido, saco que los buenos son los poderosos y débiles los inicuos.

FILOSOFÍA.-Bien vas caminando, y es señal, según los médicos, de estar ya buena y resistente la naturaleza. Y así, porque te veo muy dispuesto para la inteligencia, pasaré adelante amontonando algunas razones. O si no considera cuánta sea la miseria de los viciosos, pues no pueden llegar aún hasta donde el natural instinto los compele. ¿Y qué será de ellos si de este tan grande y casi invencible natural socorro fuesen desamparados? Atiende, pues, sobre cuántos malvados reina la impotencia, que no pretendiendo premios fútiles ni juglares, que puedan conseguir y obtener, faltan y desmayan acerca de la suma alteza de las cosas; y así les sucede no tener efecto en lo que días y noches están trabajando. Pero en esto mucho se aventajan las fuerzas de los buenos; porque así como tú juzgarías de uno que tiene robustísima la facultad de andar si supieses que ha llegado con sus pies adonde no hay más qué pasar adelante, así es necesario que juzgues ser poderosísimo el que consiguió el premio de todo lo que más se puede apetecer. Y de aquí nace que todos los pésimos son vistos estar destituidos de todas fuerzas. Pero pregunto: ¿acaso el seguir los vicios, pospuesta la virtud, nace de la ignorancia de los bienes? Pero ¿qué cosa más débil que la ceguera de la ignorancia? ¿O acaso supieron los que debían seguir, pero el deleite los despeñó, que como frágiles en la destemplanza no pudieron tampoco resistir al vicio? ¿O por ventura sabiendo y queriendo desamparan al bien y se deslizan al vicio? Y si esto es así, no sólo no son poderosos, sino totalmente desapoderados. Porque los que dejan el fin común de todas las cosas, es necesario también que ellos dejen de ser. A algunos les parecerá caso muy raro que digamos de los malos que no son, siendo ellos el mayor número de los hombres; y esto viene a ser la verdad. Porque de los malos yo no niego que son malos, pero que son clara y sencillamente, lo repruebo. Porque de la manera que de un cadáver no podrás decir simplemente que es hombre, sino que es hombre muerto, así yo de los viciosos concederé que son malos; pero absolutamente que son no podré concederlo. Porque el ser es una cosa que tiene orden y guarda su naturaleza, y lo que falta de aquí pierde también el ser que naturalmente en sí tiene. Pero dirás que los malos (y no lo podré negar) son poderosos; pero este su poderío más proviene de debilidad que de fuerzas; porque pueden hacer males que serían de ningún valor si pudiesen permanecer en la eficiencia de los bienes, cuya posibilidad manifiesta evidentemente no poder nada. Porque si, como poco ha colegimos, que lo malo no es otra cosa que una nada, manifiesto es que los malos no pueden nada, puesto que no pueden hacer más que males.

BOECIO.-Eso es cosa clara.

FILOSOFÍA.-Y para que conozcas lo que es la fuerza de esta potencia, diré lo que antes definimos: que no hay cosa más poderosa que el sumo bien.

BOECIO.-Es así.

FILOSOFÍA.-Pero es de advertir que el sumo bien nunca puede hacer mal.

BOECIO.-En ninguna manera.

FILOSOFÍA.-Finalmente, ¿hay alguno que piense que los hombres lo pueden todo?

BOECIO.-Si no es que sea algún desatinado, ninguno.

FILOSOFÍA.-Y esos mismos, ¿pueden hacer males?

BOECIO.-Ojalá que nunca pudieran.

FILOSOFÍA.-Pues como sea verdad que el que puede hacer bienes lo puede todo y los que males no todo lo pueden, luego que éstos sean menos poderosos es evidente. A esto se llega que, como ya mostramos, toda potencia se ha de contar entre las cosas que se apetecen, y éstas se han de referir al bien como a la cumbre de su naturaleza. Pero el poder obrar mal no puede al bien referirse; luego no debe apetecerse. Pero si toda potencia se apetece, luego es claro que la potencia del mal no viene a ser potencia. De todo lo cual se saca que la posibilidad es de los bienes y de los males una debilidad no dudable. Y así viene a ser verdadera aquella sentencia de Platón que dice:

Que sólo los sabios pueden hacer lo que desean y los malos cumplir lo que se les antoja, pero no lo que desean. Hacen algunas cosas con que se deleitan, presumiendo por ellas que han de adquirir el bien que desean; pero en ninguna manera lo consiguen, porque a la bienaventuranza maldades nunca llegan.

## METRO II

Los reyes que ves sentados
en altos tronos, y que
de granas finas se adornan
de la cabeza a los pies;
estos que de tristes armas
se muran, y con desdén
miran a los que los miran,
con que amedrentan la grey;
si los adornos les quitas,
muestran debajo la piel
cadenas bien apretadas,

aunque señores se ven.
Por una parte el deleite
con su veneno de miel
los atosiga, y por otra,
aunque con diversa ley,
los estimula la ira
y los inflama también.
Ni por eso la fatiga
los deja de entristecer,
ni la esperanza de dar
pena con su lubriquez.
Luego como contra un cuerpo
tantos tiranos estén,
claro está que este tirano
ha de estrechar su poder,
y obediente a tantos dueños
que no ha de poder hacer
lo que quisiere su antojo;
antes ha de obedecer.

## PROSA III

FILOSOFÍA.-¿No ves en cuánto cieno se revuelcan las maldades y con qué luz la bondad resplandece? Por donde se echa de ver que a los buenos nunca se les huyeron los premios ni a los malos sus castigos. Y así verás que de las cosas que se hacen el fin por quien se hace cada una viene a tener de premio, y esto sin que intervenga ninguna injuria. Corno lo vemos en los que corren en el circo, de los cuales es el galardón la corona. Pero la bienaventuranza ya probamos ser el bien por quien se hacen todas las cosas. Y así a los humanos actos se les propone el mismo bien como a premio común. Por lo cual no puede ser apartado de los buenos, ni llamarse con este título, quien carece del bien; porque a las buenas obras nunca les falta su recompensa. Y así, aunque los malos se enfurezcan en gran manera, no por eso el sabio perderá, ni se le agostará su corona, ni ajena maldad se la podrá golosear. Y si se alegrara de haberla recibido por fuera, pudiera temer que alguno, o el mismo que se la dio, se la quitara. Pero como a cada uno le da este premio su propia virtud, no puede ser de él despojado si no es que deje de ser virtuoso. Finalmente, como todo premio se apetezca porque se presume bueno, ¿quién juzgará por enajenado de él al que le está poseyendo? Y este premio, ¿de qué cosa? De la más bella y más grande: porque te debes acordar de aquel corolario que poco ha di por primero y le has de entender así. Como sea el mismo bien la bienaventuranza, es fuerza que todos los que son buenos sean bienaventurados, y los bienaventurados que sean divinos. Y esto supuesto, no puede dudarse por quien sabe algo de la pena inseparable de los malos; porque como el bien y el mal están encontrados, así también la pena y el premio se miran de esquina. Y lo que le sucede al bueno con su galardón es necesario, a la contra, que le suceda al malo con su castigo. Y a la traza que al bueno le sirve de premio la virtud, así también a los inicuos les sirve su malicia de pena; porque ya que alguno sea de ella maltratado, ese tal no puede dudar de que es maltratado de algún mal. Pues si quisiesen los malos hacer juicio de sí, los malos digo, a quien la última malicia de todos los males no solamente veja, sino que infecciona, ¿por ventura tendríanse, por libres de castigo? Mira, pues, cómo al contrario de los buenos acompañe la pena a los malos. Y es cierto que, como poco ha aprendiste, sólo hay una cosa que sea, y ésa es el mismo bien, y así es consecuente que el mismo bien sea todo lo que tiene que ser; porque todo lo que se aparta del bien deja de tener existencia; de donde nace que los malos dejan de ser lo que han sido. Y que hayan sido hombre la forma de cuerpo que aún les queda lo manifiesta; porque como se convirtieron en malicia, perdieron también la humana naturaleza. Y como es cierto que sólo la bondad es la que puede aventajar a uno a más que el estado de hombre, así es necesario que la malignidad abandone a los que derribó de la condición humana y los ponga debajo de lo que pide el mérito humano. Y de aquí sucede que al que vieres convertido en vicios no puedas reputarle por hombre. ¿Hierve aquél en codicia por robarle al otro sus bienes? Tenle por semejante a un lobo. ¿Enmaráñase en pleitos y con fierezas ejercita la lengua? Compárale a un alano. ¿Huélgase de tener asechanzas y a lo oculto usurpa lo ajeno? Sea igualado a una zorra. ¿Brama con desenfrenada ira? Créase tener el alma de león. ¿Es pavoroso, fugaz y muy tímido en lo que no es de temer? Sea reputado de ciervo. ¿Procede flojamente y como insensato? Vida asnal ejercita. ¿Préciase de liviano e inconstante? No se diferencia de las aves. ¿Enfráscase en deshonestidades lascivas? Detenido está en torpeza, como sucia lechona. Y así el que dejara la bondad perdió el ser hombre, como no puede arribar a la divina condición, conviene que sea convertido en bestia.

## METRO III

Arribaron con el Euro
del capitán itacense
las velas y demás trastes
de los vagantes trirremes
a la isla donde habita,
y adonde su trono tiene
la bella hija del Sol,
que con nocivos sainetes
de bebidas encantadas
fue estrago de tanto huésped.
A todos mudó las formas,

e hizo que el uno tuviese
el rostro de jabalí,
y otro que en garras y dientes
de marmárico león
representase la especie.
Cuál añadido a los lobos
en vez de llantos ofrece
temerosos aullidos ;
y cuál de manchadas pieles
remeda al índigo tigre
y cruza manso el albergue.
Pero aunque el numen de Arcadia,
digno de compadecerse
de su caudillo y al cabo
le guareció de este peste,
con todo eso sus remeros
no pudieron abstenerse
del pasto de las bellotas,
quedando en todo silvestres,
si no es en aquella parte
que predomina la mente.
¡Oh, pues, quién hay que no diga
que es esta mano muy débil,
y las hierbas de que usa
que son también poco fuertes!
Ellas tan sólo los miembros
en otros miembros convierten,
porque no a los corazones
su jurisdicción se extiende.
Dentro está el vigor humano,
que dentro su alcázar tiene;
mas los que al hombre distraen
son venenos más valientes.
Ellos matan, y se ausentan,
y aunque a los cuerpos no ofenden,
la razón es con quien luchan
y en ella se encruelecen.

## PROSA IV

BOECIO.-Yo, entonces, confieso-le dije-que todo eso se dice sin agravio; porque veo que los viciosos, aunque conserven la figura de hombres, se mudan en el ánimo en condición de bestias. Sólo quisiera yo que cuando su fiera y desapiadada condición se irrita contra los buenos, no tuviera tanta licencia.

FILOSOFÍA.-Ni la tienen-me respondió-, como lo diremos en su lugar cuando convenga. Pero si esa licencia que se cree tener se les quitase, en gran parte se les aliviaría la pena. Porque los malos (a cualquiera le parecerá esto increíble), cuando ejecutan sus antojos, es forzoso que sean más desdichados que cuando están imposibilitados de cumplirlos. Porque si es cosa miserable el desear hacer cosas malas, más miserable será poderlas ejecutar, porque sin esto no tendría efecto la voluntad. Y así como sea verdad que en cada cosa de éstas hay su miseria, con todo eso a los que vieres que quieren y pueden hacer maldades, necesario es que se les sigan tres infortunios.

BOECIO.-Convéngome con eso; pero en gran manera deseo que carezcan presto de esos infortunios, y fuera de esto que estén despojados de la potestad de hacer injurias

FILOSOFÍA.-Estaranlo, sin duda, y más presto de lo que tú acaso quieras, y a ellos se les parezca. Porque en tan breves espacios como ocupa la vida, no hay cosa tan durable que el inmortal ánimo la pueda tener por larga. Y así la larga esperanza de algunos, y el acaecer de grandes hechos, suelen las más veces parar en una súbita y no pensada ruina, que pone fin a su miseria. Porque si la malicia hace desdichados, necesariamente lo ha de ser más el que más durare. Y yo los tendría por desdichadísimos si por lo menos la muerte, que es la última línea, no les pusiera término a sus maldades. Y así, si es verdadera conclusión la del infortunio de la iniquidad, que cuanto más durable será más inmenso, fácilmente se verifica que será la miseria que constare ser eterna más infinita.

Y entonces le dije:

BOECIO.-Rara es esa consecuencia, y dificultosa de concederse, y con todo eso conozco que conviene mucho con lo que arriba hemos concedido.

FILOSOFÍA.-Bien lo juzgas, pero el que presume ser duro lo qué se allega a la conclusión, es justo que muestre haber sido falso lo precedente, o que la colección de las proposiciones no traiga efecto de necesaria conclusión. Porque de otra suerte es forzoso que, concedidos los antecedentes, no se le puedan poner achaques al argumento. Mas esto que ahora dijere también parecerá no menos maravilloso. Si bien de lo colegido se conoce igualmente ser necesario.

BOECIO.-¿Y qué es ello?

FILOSOFÍA.-Que los malos que son castigados vienen a ser menos infelices que no los que perdona el rigor jurídico. Y esto no lo llevo por el camino que otros piensan; conviene a saber, que con la pena le corrige las malas costumbres y se encaminan a la virtud, y sirven de ejemplo a los malos para que huyan de todo lo que es culpable; sino porque los perversos en cierta manera son más felices cuando son castigados, sin atender a ninguna corrección ni ejemplo.

BOECIO.-¿Y cuál es el modo fuera de ésos?

FILOSOFÍA.-Ven acá; ¿no concedimos que los buenos son bienaventurados y los malos infelices?

BOECIO.-Así es.

FILOSOFÍA.-Luego si a la desdicha de uno se le añadiese algún bien, ¿no sería por lo menos más dichoso que el de la desdicha sola sin mezcla de alguna felicidad?

BOECIO.-Así lo parece.

FILOSOFÍA.-¿Pues qué, si a este miserable que carece de todo bien se le añadiese otra miseria fuera de la que él tiene, no sería mucho más desdichado que el que participa de alguna dicha?

BOECIO.-¿Por qué no?-le respondí.

FILOSOFÍA.-Tienen los malos verdaderamente cuando son castigados algún bien que se les junta; conviene a saber, la misma pena que por razón de justicia es buena siempre y estos mismos cuando no son castigados es fuerza que participen de algún mal, porque, como ya tienes concedido, la misma impunidad es mala por razón de la injusticia.

BOECIO.-Eso yo no lo puedo negar.

FILOSOFÍA.-Luego mucho de peor condición son los malos perdonados que los que con justa pena son punidos. Y así, castigar a los facinerosos será muy justa cosa e inicua en gran manera dejarlos ir sin castigo.

BOECIO.-¿Y eso quien puede negarlo?

FILOSOFÍA.-Ni tampoco aquello de que todo lo que es bueno sea justo y, por el contrario, todo lo que es injusto sea malo.

BOECIO.-Y es verdadera consecuencia de lo que poco ha concluimos. Pero suplícote: ¿acaso a las almas déjasles algún castigo para después de extinguidos los cuerpos?

FILOSOFÍA.-Y cierto muy grandes, de los cuales presumo que unos se ejercitan con acerba severidad, y otros por vías de purgación. Pero de éstos no pretendo tratar ahora. Lo que hasta aquí hemos dicho ha sido por razón de que conocieses ser ninguna la potencia de los inicuos, que tú juzgabas indignísima. Y para que eches de ver que nunca la maldad de los malos, de que tú te quejabas, se escapó de castigo, y que la licencia que tú rogabas se acabase presto en ellos, y no perseverase, supiese ser desdichada si larga y si eterna desdichadísima. Después de esto, para que vieses cómo los malos son más calamitosos cuando son perdonados que cuando los oprime la pena. Y conviene con esta sentencia el creer que son mayores los castigos de los no castigados.

Yo entonces le dije:

BOECIO.-Cuando reparo en tus razones veo que no hay cosa más verdadera; pero si me vuelvo al juicio de los hombres, hallo que a ninguno le parece no sólo digno de ser creído, pero ni aun de ser escuchado.

FILOSOFÍA.-Así es-me respondió-, y es porque no pueden alzar los ojos a luz de la clara verdad, porque los tienen acostumbrados a las tinieblas, y son semejantes a aquellas aves a quien la noche da vista y el día ciega. Estos, como no atienden al concierto de las cosas, sino a sus deseos, juzgan por felices su licencia y la inmunidad de sus culpas. Mira, pues, lo que tiene establecido la ley eterna. Si dirigieres la razón a servir cosas honestas, no tendrás necesidad de juez que te premie, porque al fin te aplicaste a lo más excelente. Pero si pusieres el cuidado en seguir lo peor y más malo, no busques fuera de ti el verdugo, porque tú mismo te echaste a lo más miserable. Y así como si te pusieses a mirar alternadamente ya a la cenosa sierra y ya al cielo, y lo demás cesase, es cierto que te parecería por razón de lo que estás viendo que tal vez te hallabas en la inmundicia y tal entre las estrellas. Pero esto el vulgo no lo alcanza. ¿Qué hacer, pues, debemos? ¿Es imposible que nos hayamos de juntar a los que ya mostramos ser iguales a las bestias? Pues que, si uno perdiese la vista y totalmente se olvidase de haberla perdido, y tras todo eso juzgase de sí que no le faltaba nada de la humana perfección, ¿sería bien que a los capaces de vista tuviésemos por ciegos por razón de este ciego? ¿Por ventura no asentirían a creer lo que se funda en razones firmísimas, esto es, que son de peor condición los que hacen la injuria de los que la padecen?

BOECIO.-Quisiera yo-le respondí-oír las razones en que eso se funda.

Y ella me dijo:

FILOSOFÍA.-¿Negarás tú que todo facineroso es digno de castigo?

BOECIO.-En ninguna manera.

FILOSOFÍA.-Cosa sabida es que todos los desdichados son malos.

BOECIO.-Así es.

FILOSOFÍA.-¿Luego no dudas que los que son dignos de castigo son desdichados?

BOECIO.-Así conviene.

FILOSOFÍA.-Pues dime: si te asentases en tu tribunal como juez, ¿a quién sentenciarías como a reo: a aquel, por ventura, que hizo la injuria, o al que la recibió?

BOECIO.-Eso yo no lo dudo. Claro está que satisfaría al ofendido con daño del ofensor.

FILOSOFÍA.-Luego de aquí se saca que es más miserable el actor de la injuria que el que la recibe.

BOECIO.-Eso fácilmente se infiere; y no sólo por esta causa, sino por otras que son de la misma raíz se sabe que la torpeza del vicio por sí misma hace desdichados, y que la miseria sólo es del que comete la injuria, y no del que la padece.

FILOSOFÍA.-Sí; pero ahora los oradores hacen lo contrario, que procuran granjear la conmiseración de los jueces en favor de los que reciben el agravio, debiéndoseles más a los que le hicieron, los cuales habían de ser llevados, como los enfermos a los médicos, al tribunal del juez, no por acusadores indignados, sino benignos, para que allí, mediante el castigo, fuesen curados de la culpa. Y de esta suerte o se enfriaría del todo el patrocinio de los abogados defensores, o si quisiesen aprovechar más a los suyos sería necesario convertir su abogacía en acusación Y los mismos reos si les fuese lícito ver la virtud que desecharon por algún resquicio, y que por exponerse a los tormentos habían de ser limpios de las inmundicias de sus excesos en recompensa de cobrar la bondad que perdieron no los habían de tener por acerbos; y es cierto que repudiarían la defensa de sus abogados y del todo se entregarían al arbitrio de sus acusadores y jueces. Y así con esto quedarían seguros totalmente del aborrecimiento de los sabios Porque a los buenos, ¿quién si no es que sea un loco los aborrece? Ni hay razón tampoco para querer mal a los malos, porque a la traza que es en los cuerpos la enfermedad viene a ser en las almas el vicio Y así como a los enfermos no los juzgamos dignos de ser desdeñados, así tampoco a los viciosos los hemos de perseguir, sino tenerles grande lástima Porque mucho mayor torcedor es la iniquidad que la fiebre.

## METRO IV

    ¿De qué sirve excitar tantos tumultos,
V la vida acosar con propia mano?
Si la muerte queréis vendrá temprano
y de buen grado sin que hagáis insultos:
que como sus caballos
son sueltos nunca trata de enfrenallos.
    A los que sierpes tigres y leones,
osos y jabalíes amenazan,
y con ásperos dientes despedazan,
esos mismos con chuzos y lanzones
se acometen y hieren,
y así entre sí de aquéllos no difieren
    ¿Por ventura esta guerra tan continua
nace de ser en condición diversos,
y con siniestros duros y perversos
tratan de serse su total ruina?
¿O les es más ligero
guisarse el fin con alternado acero?
    Ninguna de estas causas es bastante
para tan impíos hechos Tú si quieres
que te responda el premio a lo que hicieres,
ea, sé de los buenos fino amante,
y a los que no son tales,
un compasivo alivio de sus males.

## PROSA V

BOECIO.-De aquí veo-dije-que la felicidad y la miseria consisten en los méritos de los buenos y de los malos. Pero en esta popular fortuna reconozco que hay también algo de bueno y de malo. Porque ninguno de los sabios hallo que quiera ser más desterrado, pobre y abatido, que vivir en su tierra autorizado, opulento de bienes, adornado de honores y abundante de poderío. Porque así más clara y probadamente se administra la dignidad de sabio, y se traslada en cierta manera a los pueblos que les tocan la felicidad de los que gobiernan. Siendo principalmente la cárcel, la ley y los otros tormentos de las civiles penas más para los perniciosos populares, para los cuales se instituyeron. Y así me admiro en grande manera de que estas cosas hayan mudado costumbres, ejercitándose en los buenos los castigos de los malos y éstos llevándose los premios de la virtud. Por lo cual quisiera saber de ti cuál es la causa de esta repartición tan injusta; porque en verdad no tanto me espantaría de creer que este universo se gobernase por casos fortuitos. Dios, su gobernador, es el que ahora hace mayor este mi espanto, que muchas veces les da cosas gustosas a los buenos y ásperas a los malos; y, por otra parte, se hace duro con los justos y con los inicuos se suele portar tan benigno que les da cuanto desean. Y esto, si no es que se penetre la causa, no puede diferenciarse de los casos fortuitos.

FILOSOFÍA.-Ni es de maravillar que, ignorada la razón de su orden, se crea ser todo temerario y confuso. Pero tú, aunque ignores la causa de tan sublime disposición, puesto que tiene tan buen gobernador el mundo, nunca dudes de su concertado regimiento.

## METRO V

El que ignora quién sea
la estrella del Arturo,
y cómo se revuelve
cercana al fijo punto,
y mira del Bootes
que con pausado curso
da a las ondas el carro,
siendo al nacer agudo;
éste, pues, que no sabe
la causa de estos rumbos,
ni del cielo las leyes,
que se admire no es mucho.
Y así cuando la luna
llenó su plenilunio
con la faz del eclipse,
le representa mustio;

que siendo claro hacía
oscurecer el suyo
a las estrellas, y éstas
ser claras cuando turbio.
Pues de estas novedades
nace el común abuso
de los que se remiten
a fatigar con muchos
instrumentos el aire;
y tras esto ninguno
se admira de que el Cauro
respire, y con tumulto
azote el mar su margen,
ni que al sol más adusto
la nieve se derrita;
porque esto al común uso
le parece muy claro
y aquello muy oscuro.
Y así las cosas raras
son las que extraña el vulgo:
mas deje de admirarse,
y rinda su discurso.

## PROSA VI

BOECIO.-Así es-le dije-, y pues tu oficio es desenvolver las causas ocultas y aclarar, además de esto, las que se defienden con capa de oscuridad, ruégote que de aquí adelante las determines, y ya que este milagro en gran manera me punza, me le desmarañes.

Entonces la Filosofía, sonriéndose un poco, dijo:

FILOSOFÍA.-Llámasme a una cosa la más difícil de ser inquirida y con quien no basta todo lo que se ha ahondado: Y es de tal condición la materia, que, acabada una duda, como las cabezas de la Hidra, se levantan otras muchas; ni hay modo para extinguirlas, sino es que alguno las queme con ardentísimo fuego. En ésta se pregunta de ordinario de la puridad de la Providencia, de la ordenanza del hado, de los casos repentinos, del conocimiento y predestinación divina y de la libertad del juicio. Lo cual de cuánto peso sea tú lo puedes juzgar por ti mismo. Pero porque así esto es gran parte también de tu medicina, aunque mendigamos de tiempo, con todo eso haremos esfuerzos para tratar algo de ella. Si te lleva la consonancia del verso, has de suspender por un rato ese gusto, en el inter que yo voy entretejiendo por su orden sus intrincadas razones.

BOECIO.-Y conviene así-le dije.

Entonces ella, como quien toma otro principio, comenzó a disputar de esta suerte:

FILOSOFÍA.-La generación de todas las cosas, los progresos de las que hay mudables y lo que tiene su modo en el moverse, todos hallan las causas, el orden y las formas en la constancia de la divina mente. Esta, en el alcázar de su sencillez colocada, reparte las cosas que se han de obrar de muchas maneras; las cuales, cuando se consideran en la inteligencia de Dios purísima, se llaman Providencia, y cuando se refieren a lo que se han dirigido y ordenado se llaman hado. Y de que son cosas diversas lo conocerá cualquiera fácilmente, si considerare la fuerza de cada una. Porque la Providencia es aquella razón divina que dispone todas las cosas y está sita en él, que es el sumo principio de todas ellas. Pero el hado es una disposición adjunta a las cosas movibles, por cuyo medio la Providencia las entreteje y ordena. Y así ésta igualmente, aunque sean diversas y juntamente infinitas, a todas las comprende. El hado tiene cuidado de disponer cada cosa con movimiento por lugares y formas y tiempos, y así esta explicación de orden temporal, unida con previsión, es la Providencia. Y esta misma unión, así dividida y explicada por tiempos, es llamada hado. Las cuales, aunque son diferentes, vienen a tener dependencia la una de la otra. Porque la orden fatal procede de la sencillez de la Providencia. Que así como un artífice formando primero en su mente la figura de lo que ha de hacer la pone después en efecto, y lo que simplemente se le representó lo reduce a temporales ordenanzas, así Dios, mediante su providencia singular y constantemente, dispone lo que ha de ser. Y eso mismo que así dispuso, lo efectúa después mediante el hado vaga y temporalmente; y sea esto por misterio de algunos espíritus que sirven a la Providencia, o por alma, o por toda la Naturaleza, o por movimientos de celestiales influjos, o bien por virtud angélica, o por astucia varia de malignos espíritus, o por algo de esto, o por todo junto, lo cierto es que la Providencia es una forma de cosas inmutable y sencilla, y el hado, una trabazón movible y temporal serie de lo que la sencillez divina dispone que sea. De donde proviene que las cosas todas sujetas al hado lo estén también a la Providencia, y por el consiguiente al mismo hado. Porque es cierto que algunas de las que se le aplican a la Providencia sobrepujan a los fatales decretos, y éstas son las que, asistiendo fijas constantemente y propincuas a la divina primacía, se hacen tan superiores que exceden el orden del fatal movimiento. Así como entre muchos círculos de los que se revuelven sobre un eje, que el que le está más próximo ése se acerca más a la sencillez de su medianía, con que viene a ser otro eje a los círculos más exteriores, de los cuales el postrero se revuelve con mayor ensanche, haciendo mayores las vueltas cuanto más se desvía del centro; pero si allí con aquel medio se engarza alguna cosa o se junta, se hace sencilla y deja de esparcirse y de derramarse Pues de la misma manera lo que se aparta más de la primera mente, eso viene a engarzarse más con los fatales lazos, y tanto más de ellos estará seguro cuanto más vecino estuviere al centro de las cosas. Y así si se juntare a la constancia de la mente suprema sin moverse, sobrepujará sin duda a la violencia del hado. Y así como el raciocinar es respecto del entendimiento lo criado de lo que tiene ser, el tiempo de la eternidad y el círculo del punto de en medio, así la ordenanza del movimiento del hado viene a ser respecto de la pura estabilidad de la Providencia. Esta, con su concierto, revuelve el cielo y estrellas, pone templanza en los elementos y en conversión recíproca los conmuta; esta misma todo lo que hace y mueve lo vuelve a restituir por medio de otros renuevos y semillas semejantes; ésta, con trabazón indisoluble de causas comprende todos los actos y sucesos de los hombres. La cual, como tenga origen de los inmutables principios de la Providencia, es necesario que por sí sea inmutable. Y así son bien gobernadas las cosas si, perseverando la sencillez en la divina mente, sacare un orden de causas que no desdiga. Esta ordenanza, pues, con propia e inmutable constancia tenga a raya lo que de otra manera fuera con temeridad redundante. De aquí es que aunque todo os parezca confuso y perturbado (porque no tenéis facultad para comprender su gobierno), no por eso le falta modo a cada cosa que la encamina a su bien; porque ninguna cosa se hace aun por los mismos perversos a causa de algún mal. A los cuales, como lo hemos ya mostrado copiosamente, prevarica el error, pensando que hallan el bien, con que la regla que se origina de la alteza del sumo bien tuerza de su propio principio. Pero dirás: ¿Qué confusión puede haber más inicua que sucederles a los buenos ya felices cosas y ya desgraciadas, y por otra parte, a los malos ya lo que desean y ya lo que aborrecen? ¿Acaso los hombres proceden con aquella rectitud de entendimiento que hayan de ser necesariamente buenos los que tienen por buenos y malos los que tienen por malos? Pero en esto los juicios de los hombres grandemente pelean juzgando a unos por dignos de premio y a otros de castigo. Pero concedemos que pueda uno distinguir los buenos de los malos; ¿acaso por eso podrá alcanzar a ver la interior templanza de las almas, como de los cuerpos se suele decir? Porque no es semejante maravilla para el que no sabe qué sea la causa por que a muchos cuerpos sanos les diga bien el aliento dulce y a otros el amargo, y de la misma suerte por qué algunos enfermos se curen mejor con remedios ligeros y otros con vehementes. Pero el médico que conoce la causa de la enfermedad y sabe el estado de ella, de nada de esto se maravilla. ¿Pues qué otra cosa es la sanidad de las almas que la bondad? ¿Qué la enfermedad sino el vicio? ¿Quién hay otro que sea conservador de los buenos y ahuyentador de los malos si no es Dios, que es el régimen y médico de las almas? El cual, desde la atalaya de su Providencia, mira lo que a cada uno le convenga, y eso mismo le acomoda. De aquí ya corre aquel insigne milagro de la orden fatal, administrado de quien le alcanza, para que le admiren los ignorantes. Pero diré algo, aunque poco, de lo que de la profundidad divina puede abarcar la humana capacidad. De aquel varón que a ti te ha parecido rígido observador de lo justo, a la Providencia, que todo lo sabe, verás que le parece otra cosa. Y así es que nuestro amigo Lucano, según lo da a entender, dijo que la causa vencedora les pareció bien a los dioses, y la vencida, a Catón. Y así lo que vieres practicar dentro de la circunferencia de la esperanza tenlo por una derecha regla de lo que se obra, y por confusión siniestra de tu opinión. Supongo que hay alguno tan bien morigerado en quien igualmente convengan el divino y humano juicio; pero es tan débil en las fuerzas del alma, que si le sucediese algún caso calamitoso podría ser que, desamparase la inocencia, si por ella no puede conservar la fortuna. Y así veras que la divina dispensación perdona a quien la adversidad puede hacer de peor condición, porque no luche con quien no ha de vencer. Hay otro consumadísimo en todo género de virtudes, santo, y a Dios muy acepto, que sería maldad ser tocado del menor contraste: y así lo juzga la Providencia, y de tal manera, que no le permite ser vejado de ninguna enfermedad corporal. Porque, según otro más excelente que yo, dice : El varón religioso verdadero no trabaja; los santos varones edificaron sus cuerpos; el cuerpo del varón santo no trabaja. Sucede muchas veces que se les encarga a los buenos la suma administración del gobierno público para que la iniquidad sea rebatida. A otros se les da esto mezclado según la calidad de su talento. A otros se les hacen sus recuerdos, porque con la continua felicidad no se insolenten. A otros los trata con aspereza para que se hagan fuertes en las virtudes del alma con el uso y ejercicio de la paciencia. Otros temen más de lo que pueden tolerar; otros hacen desprecio de lo que pueden sufrir. A unos lleva por la tristeza y angustia para que hagan de sí experiencia. Y hay algunos que compraron con precio de gloriosa muerte nombre famoso en el siglo. Otros, en los tormentos, sirvieron de ejemplo a los demás para que entiendan que la virtud no se deja vencer de las adversidades. Todo lo cual no hay duda sino que se hace con tanta rectitud y a propósito por el bien de aquellos que son visto sucederles. Y de esta misma causa también se origina todo lo que a los malos acontece de triste y optable. Y así ninguno se admira de los miserables, porque los juzga por merecedores; con cuyos suplicios o se amedrentan los acostumbrados a maldades, o se enmiendan esos mismos por quien se hicieron. Los casos, pues, alegres verás que les son a los píos un fortísimo argumento para que sepan el caso que deben hacer de este modo de felicidad, que tan de ordinario se emancipa de los perversos. Lo cual también juzgo que se ordena por si acaso hay alguno de tan arrastrada conciencia que se deje llevar del pecado por verse constreñido de la pobreza. Pero este achaque con hacienda lo cura la Providencia. Otro hay que viendo su conciencia contaminada de mil maldades y haciendo consigo cortejo de su fortuna, teme perder con tristeza lo que ha poseído con alegría, y mudando de costumbre suele dejar la malicia por no serlo de su fortuna. Bien que a otros la felicidad mal gobernada les fue causa de dar en una ruina bien de sí merecida. A cuáles se les concede derecho de castigar para que sirva a los buenos de ejercicio y a los facinerosos de recompensa. Porque a la traza que nunca hay buena conveniencia entre buenos y malos, así también los perversos tienen entre sí división. ¿Y esto por qué no, si ellos mismos, despedazando sus conciencias con vicios, disienten de ordinario de lo que han hecho, y lo que al principio tuvieron por bueno lo reprueban después como malo? De donde muchas veces aquella suma Providencia hizo aquel insigne milagro de que los malos hagan buenos a otros malos. Porque es tan grande el odio que les cobran viéndose tal vez vejados de los inicuos, que tienen por bien de volverse al fruto de la virtud, deseando no parecerse a los que así aborrecen. Y es tan absoluta la fuerza divina, que para con ella no hay mal que prevalezca, sacando siempre algún bien cuando de él usa competentemente. Porque hay una cierta orden que lo abraza todo, para que cuando alguna cosa se desviare de la razón de orden que le está señalada, no por eso deje de caer en otro orden, a causa de que nada le sea lícito a la temeridad en el reino de la Providencia.

> Dios fortísimo en el mundo
> todas las cosas acaba.

Ni le es lícito al humano comprender con su ingenio la grandeza de las obras divinas, ni explicarlas con sus palabras. Bástele tan solamente saber que Dios, que es el autor de todas las naturalezas, ese mismo dispone todas las cosas y las encamina a bien. El cual siempre se da prisa en conservar en su semejanza todo lo que ha producido; lo demás que es malo, luego lo destierra de los límites de su república por la senda de la fatal necesidad. Lo cual se hace para que, atendiendo a la. Providencia, presumas que en ninguna parte hay cosa que puedas tener por mala de las que se creen sobrar en, algunas tierras. Pero porque te veo que con el peso de esta cuestión abrumado, y fatigado con la prolijidad de la plática, ha mucho tiempo que estás esperando la dulzura de algunos versos, ea, recibe este refresco con que te puedas recrear, para que con más vigor puedas pasar adelante.

## METRO VI

> Si quieres con pura mente
> ver los derechos de Dios,
> mira las cumbres del cielo,
> que allá en lo más superior
> verás cómo las estrellas
> con gran justificación
> conservan su antigua paz,
> y que no impide el calor
> del sol ardiente a la luna
> su helada revolución.
> Allí la Ursa que al Norte
> cerca con curso veloz,
> sin que a las aguas occiduas
> les deba su pie un humor,
> con que ve que las estrellas
> bajan al piélago, no
> por eso mojar desea

con este su resplandor.
Allí de los dos luceros
verás con igual acción
que el uno anuncia las sombras,
y el otro nos trae el sol.
Pues de esta misma manera
suele alternado el amor
a sus recíprocos cursos
darles segundo vigor,
para desterrar con esto
de la estrellada región
toda discorde batalla,
que si hay elementos hoy,
la concordia es quien los liga
con amable trabazón.
Por ella a la antipatía
de la sequedad cedió
benévola la humedad,
y al frío torpe el ardor,
e hizo que el fuego pendiese
de la sublime porción,
y que la tierra bajase
grave a la más inferior.
Y de estas causas usando,
en el verano mandó
al año que se templase,
y todo tragase en flor.
Que Ceres sazone el fruto
después de estar en León
la sequedad del estío,
y que de fruta y verdor
venga cargado el otoño,
y encogido en su zurrón
vaya el invierno mojando
lo que secaron los dos.
Esta, pues, dulce templanza
de admirable proporción
crea cuanto tiene ser,
y con el mismo tenor
lo arrebata y descompone
y entierra en perpetuo horror.
Pero en medio de todo esto
rige con grave atención

en alto trono sentado
todas las cosas su Autor:
que es rey, señor, fuente, origen,
ley y sabio arbitrador
de lo justo, y mueve y para
todas cuantas cosas son.
Porque si no revocase,
y a cierta circunflexión
de círculos redujese
los tiros que enderezó,
cuanto contiene hoy el orden
de estable y firme valor
separado de su fuente
hallara su perdición.
Este amor parcial a todos
tenido por tin mejor
vuelven a buscar los buenos;
porque no hay más duración
en lo que consta de ser
que es la vuelta del amor.

## PROSA VII

FILOSOFÍA.-¿Acaso de esto que hemos dicho sacas lo que se puede seguir?

BOECIO.-¿Y qué es?-le respondí.

FILOSOFÍA.-Que toda fortuna es buena totalmente.

BOECIO.-¿Y eso de qué manera?

FILOSOFÍA.-Atiende, pues. Como a la verdad toda fortuna, ya gustosa, ya desabrida, sea por causa o de remunerar y ejercitar a los buenos o bien de castigar y corregir a los malos, necesario es que cada cual de ellas ha de ser buena, puesto que consta ser justificada o útil.

BOECIO.-Es en gran manera verdadera esa razón, y más si pongo la mira en la Providencia o hado de que poco ha dijiste. Pero si te agrada, contémosla entre los casos inopinados de que arriba hiciste mención.

FILOSOFÍA.-¿A qué efecto?

BOECIO.-Porque así lo canta el común lenguaje de los hombres y el de algunos que dicen que muchas veces es mala la fortuna.

FILOSOFÍA.-¿Quieres acaso, pues, que nos acerquemos un poco al lenguaje de los vulgares, aun porque no parezca que rehuimos del uso de la humanidad?

BOECIO.-Agrádame-le dije.

FILOSOFÍA.-Ven acá; ¿tú no juzgas por bueno lo que aprovecha?

BOECIO.-Sí-le respondí.

FILOSOFÍA.-La fortuna que ejercita o corrige, ¿aprovecha?

BOECIO.-Así lo confieso.

FILOSOFÍA.-¿Luego es buena?

BOECIO.-¿Y por qué no?

FILOSOFÍA.-Pero ésta es de aquellos que siendo virtuosos pelean de ordinario con las adversidades o de los que, apartándose de los vicios, siguen la senda de la virtud.

BOECIO.-No puedo-le respondí-eso negarlo. ¿Pues qué será de la fortuna que se representa gustosa? ¿Júzgala, acaso, el vulgo por mala? En ninguna manera; antes a esta tal la tiene por bonísima.

FILOSOFÍA.-Y a la otra que con su aspereza castiga justamente a los malos y los enfrena, ¿júzgala el pueblo por buena?

BOECIO.-No; sino por la más miserable de todo lo que se puede imaginar.

FILOSOFÍA.-Mira, pues, no suceda que por seguir la opinión del pueblo demos en una cosa en gran manera inopinable.

BOECIO.-¿Y cuál es?

FILOSOFÍA.-De aquellas cosas que tenemos concedidas. Porque es cierto que la fortuna de los que están en posesión, o promovidos, o en adquisición de la virtud de cualquier manera que ella sea, siempre es juzgada por buena; pero la de los que han perseverado en el vicio, por mala en gran manera.

BOECIO.-Eso-dije yo-es la misma verdad, aunque ninguno se atreve a confesarlo.

FILOSOFÍA.-Por eso el varón sabio no debe llevar con molestia todas las veces que en ella cayere la contienda de la fortuna; como ni al valiente soldado le es decente el indignarse de oír sonar el militar estruendo, porque la dificultad de ambas cosas les es materia, a éste de amplificar más su fama y a aquél de confirmar su sabiduría. De aquí es que a la virtud le vino este nombre porque, fundada en sus fuerzas, nunca es vencida de las adversidades. Ni vosotros, los que estáis ya en el camino de la virtud, no habéis venido a corromperos con las delicias ni a marchitaros con el deleite, sino a tener una brava pelea con toda fortuna. Y así ocupad con valientes fuerzas el medio, porque ni la adversa os oprima ni la próspera os estrague; que lo que debajo se asienta, o pasa más adelante, menosprecio es de la felicidad, no galardón del trabajo. En vuestra mano está, pues, la fortuna que quisiereis formaros, porque toda la que os parece áspera, si no ejercita o corrige, es señal de que castiga.

## METRO VII

Diez años fatigó la Frigia al fiero
Atridas en venganza del hermano,
y con luciente y triunfador acero
dio lustre al lecho que infamó el troyano;

y viendo que Neptuno estaba entero,
porque su armada rompa el humor cano,
muy poco padre, la cerviz sencilla
de su hija permite a la cuchilla.
    Mísero llora el itacense viendo
sus tristes compañeros destrozados,
y desde su presencia al vientre horrendo
del bestial Polifemo trasladados;
pero no pienso que se fue riendo
del sabor de los itacos bocados,
porque el gozo que tuvo pagó luego
bramando esquivo y lamentando ciego.
    Alcides por sus obras fue excelente:
él domó los centauros arrogantes,
y al Nemeo León despojó ardiente
de la bermeja piel, y a las volantes
aves flechó, y a la vigil serpiente,
que guardaba con ojos vigilantes
la bella fruta ponderosa en oro,
burló no obstante, y le robó el tesoro.
    Con tres cadenas amarró al Cerbero,
y vencedor del huésped insolente
le dio en pasto a sus brutos; cedió el fiero
veneno de la Hidra al fuego ardiente;
Acheloó sin el cuerno ya no entero
se escondió vergonzoso en su corriente;
Anteo fue postrado en sus arenas;
Caco venganza a Evandro con sus penas.
    Del jabalí cerdoso fue espumado
el hombre que con fuerte valentía
ha de oprimir el cóncavo estrellado,
y ésta fue en él la hazaña más tardía;
tolerólo con cuello no inclinado,
e ínclito galardón fue de su vía.
Pues, fuertes, proseguid; y los no tales,
sufrid, sufrid, que hay premios celestiales.

## LIBRO QUINTO

De la consolación por la filosofía

### PROSA I

Esto dicho, ya volvía a encaminar la corriente de su plática a tratar de otras cosas y darles su expediente, cuando yo le dije:

BOECIO.-Por cierto, esta tu exornación muy justa es, y asaz digna de tu autoridad; pero lo que tú poco ha dijiste que la cuestión de la Providencia estaba muy intrincada con otras, por experiencia lo vengo a conocer. Con todo eso deseo que me digas si esto que llamamos acaso tiene totalmente alguna entidad, y qué tal ella sea.

La Filosofía, entonces, dijo:

FILOSOFÍA.-Voime dando prisa para pagar la deuda de mi prometido, y también para abrirte el camino por donde puedas volverte a tu patria. Porque aunque estas cosas son muy dignas de ser sabidas, con todo eso se desvían algo de la senda de nuestro propósito. Y así se ha de temer no suceda que fatigado tú con estos desvíos, te ocupen de manera que después no puedas estar apto para seguir el camino recto.

Yo le respondí:

BOECIO.-No tengas miedo de eso, que antes me será de alivio saber estas cosas que tanto me deleitan, y juntamente para no hacer duda de lo consecuente sabiendo que es segura la propuesta de tu disputa.

Entonces ella dijo:

FILOSOFÍA.-Quiero obedecerte-y luego comenzó a decir: -Como los que definen el acaso digan que es un suceso de movimiento temerario y sin trabazón de alguna causa, de aquí es que vengo yo a afirmar que totalmente es tanto, como nada, sin tener más entidad que el sonido. ¿Qué puesto hay que ocupar pueda la temeridad, estando Dios de por medio, que da orden a las cosas? Porque verdadera sentencia es que de la nada no hace nada, la cual de ninguno de los antiguos ha sido contradicha. Si bien esto lo entendieron, no del principio operante, sino del sujeto material, esto es, de la naturaleza de todas las causas. Y así si diésemos que alguna cosa naciese sin dependencia de alguna causa, parecería sin duda ser de nada producida. Pues si esto no puede ser, luego ni el acaso de esto que poco ha definimos es posible que sea.

Yo le dije:

BOECIO.-Pues qué, ¿es acaso nada lo que justificadamente se puede llamar acaso o caso fortuito? ¿O hay alguna cosa, dado que al vulgo le esté oculta, a quien convengan estos nombres?

FILOSOFÍA.-Mi Aristóteles, en los libros de Física, definió esto en breves razones, pero muy cercanas a la verdad.

BOECIO.-¿De qué manera?

FILOSOFÍA.-Diciendo que todas las veces que una cosa de las que los hombres tratan viene a tener el suceso por camino diferente del que imaginaron, que esto se llama acaso; como si uno que está labrando una heredad cavase en una parte y hallase en ella una pieza de oro, que aunque se cree haber sucedido fortuitamente, no por eso deja de tener su origen. Consta verdaderamente de propias causas, aunque parezca haberla tenido de aquel repentino e inopinado concurso. Porque no se hubiera hallado aquel oro si el labrador de aquel fundo no hubiera allí cavado ni el dueño del oro lo hubiera allí puesto. Y éstas son las causas que ocasionan el fortuito compendio que proviene de otras entre sí obvias y concernientes, y no de la intención del que las trata. Porque ni el que allí le puso ni el que labró el campo tuvo atención a que se había de descubrir aquel oro, sino que acertó por particular accidente al cavar éste en el puesto adonde el otro le puso Y así conviene definir el acaso diciendo que es un suceso desimaginado de causas concurrentes sobre cosas que miran a diferente propósito Porque aquel orden emanado de la fuente de la Providencia, haciendo con inevitable trabazón que las causas concurran, dispone todas las cosas por sus lugares y tiempos.

## METRO I

De la Achemenia roca
donde se hace la guerra
disimulada en fugas,
y acelerada en flechas,
el Tigris y el Eufrates
tienen su dependencia;
y aunque hermanos no tanto
que no se desconvengan;
pues de uno parto nacidos,
y de una fuente mesma,
cada cual echa luego
por diferente senda.
Empero demos caso
que a convenirse vengan,
y a hacer como al principio
de cuatro dos riberas;
lo que uno y otro río
atrajo con su fuerza
siguiendo va el corriente

del agua que le lleva.
Concurrirán las popas
allí, y a vueltas dellas
mordidas de las olas
troncadas arboledas;
y los vagantes casos
que ocasionó la tierra
con sus inclinaciones
harán también su mezcla;
y aquel natural orden
con que el raudal gobiernan
las deleznables aguas
que blandas se despeñan.
Pues de esta misma suerte
aunque correr parezcan
los casos fortuitos
por distantes veredas,
no por eso rehúsan
el freno que les echan;
que a la ley conformados
prosiguen su carrera.

## PROSA II

BOECIO.-Adviértelo-le dije-y convengo en que es así lo que dices. Pero en este orden de causas intrincadas, ¿hay alguna libertad en nuestro albedrío o la fatal cadena comprime los movimientos de los humanos ánimos?

FILOSOFÍA.-Es cierto que le hay, ni puede haber naturaleza racional en quien no asista la libertad del albedrío. Porque todo lo que puede tener uso de razón es fuerza que tenga juicio para distinguir lo que se ofreciere; y así conoce lo que se ha de huir y lo que se debe apetecer. Porque lo que cada uno tiene por optable, eso desea, y, al contrario huye de lo que es digno de ser huido. Y así verás que los que la razón posee, esos solos tienen libertad de querer y no querer. Bien que no en todos la hay con igualdad, porque en las superiores y divinas sustancias el juicio es perspicacísimo, la voluntad no maleada y la facultad de los deseos eficaz y con prontitud. Pero las humanas almas son necesariamente más libres cuando se conservan en la especulación de la divina mente, menos cuando se abaten a los cuerpos, y mucho menos cuando se incorporan en los miembros terrestres, y la servidumbre última de ellas cuando cayendo del dominio propio de la razón se entregan del todo a los vicios. Y así luego que echan los ojos desde la luz de la suma verdad a las partes hondas y tenebrosas, al instante se hacen ciegos con la niebla de la ignorancia y se perturban con perniciosos afectos, con cuyo acceso y consentimiento alicatan la servidumbre que les trajeron, siendo en cierta manera esclavas de su libertad. Todo lo cual le está ab eterno patente a la vista de la Providencia, que según sus méritos dispone todas las cosas. Todo lo mira, todo lo oye.

## METRO II

Con pura lumbre el sol claro
canta el dulcísimo Hornero,
que si penetrar no puede,
por ser tan débil, el centro,
ni del mar lo más profundo;
no así el Autor de los cielos
tiene como limitados
de su luz los instrumentos;
que asistiendo en lo sublime,
y cuanto hay formado viendo,
ni le resisten las tierras,
ni el manto nocturno espeso,
lo que es, lo que fue y será
todo está presente a un tiempo
al examen de sus ojos;
y así puedes con buen celo,
pues es solo y lo ve todo,
llamarle sol verdadero.

## PROSA III[6]

BOECIO.-Otra duda muy difícil me pone gran confusión.

FILOSOFÍA.-¿Qué duda puede ser ésa? Ya, ya sospecho qué es lo que te tiene turbado.

BOECIO.-Muy contrario me parece, y repugnar entre sí, saber Dios todas las cosas y quedar libre albedrío. Porque si Dios muy de cierto provee todas las cosas, ni puede ser engañado, es necesario que venga cuanto con su providencia conoce que ha de venir. Luego si desde ab eterno conoce todas las obras y consejos de los hombres, y aun todos sus pensamientos, no hay libertad de albedrío; porque ningún otro hado habrá, ni ningún querer, sino el que tiene previsto la divina Providencia, que jamás puede engañarse. Que si pudiesen las cosas torcer en cualquier manera de

---

[6] (Aunque Villegas había traducido más de la mitad de la tercera prosa, no quiso continuar, y le pareció más conveniente imprimir en latín lo restante del quinto libro. Esta falta se suple ahora poniendo la traducción de fray. Alberto de Aguayo, celebrada por el autor del «-Diálogo de las Lenguas».)

lo que Dios ha previsto, ni tendría firme presciencia de las cosas venideras, mas muy dudosa opinión, lo cual creerse de Dios juzgo cosa nefanda. Ni tengo por suficiente la razón que algunos traen, con que piensan desatar el nudo de esta cuestión diciendo: No por eso han de venir las cosas porque las sabe futuras la Providencia; antes porque han de venir no se pueden esconder del sumo conocimiento. Y en esta manera dicha argumentan al revés: no es necesario que vengan las cosas que están previstas; mas que esten previstas ya las cosas que han de venir. No disputamos ahora cuál de estas dichas cosas sea causa de la otra, si la presciencia divina cause que vengan las cosas, o si la necesidad que ellas tienen de venir sea causa de saberse; mas queremos demostrar que como quiera que se hallan estas cosas entre sí, es necesario que venga todo cuanto está previsto, aunque la suma presciencia no ponga necesidad a las cosas venideras. Que si uno está sentado y se sabe que lo está, es necesario que sea cierto aquello que se sabe. Y al revés: si se sabe de verdad que está sentado quienquiera, es forzado que lo esté. Pues entrambas estas cosas tienen gran necesidad, la una que haya verdad, la otra que haya sentado. Mas ninguno está sentado, porque es verdad que lo está; mas es verdad que lo está, porque se sentó primero; y aunque salga de una parte la verdad de estas dos cosas, tiene la una y la otra muy igual necesidad. Y de esta misma manera podemos argumentar de las cosas que han de ser y de la ciencia divina; que aunque las cosas no vengan por estar ya preveídas, sino que estén preveídas porque ellas han de venir, siempre, empero, es necesario que venga lo ya previsto, o se vea lo futuro; y cualquiera de esto basta a tirar la libertad que tiene nuestro albedrío. Aunque es cosa muy perversa afirmar que sean causa de la presciencia divina las cosas que han de venir, ¿es otra cosa afirmar que Dios conoce las cosas porque han de acontecer, si no de decir que ellas sean causa de su providencia? También así como cuando es cualquier cosa de este mundo es necesario que sea, así también si se sabe cualquier cosa ser futura es necesario que venga, y así la cosa prevista no venir es imposible. Finalmente, si quienquiera piensa ser cualquiera cosa no de la manera que es, éste ya no la conoce, mas tiene de ella opinión engañosa y desviada muy lejos de la verdad. Pues si algo ha de venir, y su venida no tiene necesidad ni certeza, ¿quién sabrá que ha de venir? Pues así como la ciencia nunca tiene falsedad, así lo que ella demuestra es imposible que sea sino como se conoce. Esta causa sola es porque la ciencia no miente: porque la cosa sabida es necesario que sea como la ciencia la sabe. ¿Pues qué diremos en esto? ¿Cómo sabe Dios las cosas futuras si son inciertas? Que si Dios sabe de cierto que vendrá lo advenidero, y es posible que no venga, quedará muy engañado; y no sólo es muy nefando sentir tal cosa de Dios, mas decirla por la boca. Y así sabe lo futuro como ello es en sí y conoce que es posible que acontezca o no acontezca, ¿qué saber será este suyo, pues no tiene certidumbre de cosa determinada? ¿Y qué diferencia habrá del saber que tiene Dios al burloso adivinar de que Tiresias usaba diciendo: vendrá o no cuando dijere? ¿Y qué ventaja tendrá la divina Providencia a la conjetura humana si juzga, como los hombres, por muy incierto y dudoso lo que venir es incierto? Pues si en aquella muy alta y cierta fuente de todo nada puede ser dudoso, cierta será la venida de cuanto tiene previsto, y así los actos humanos y sus consejos serán sin ninguna libertad, pues que la suma presciencia, que mira todas las cosas sin engañarse, las fuerza que acontezcan como sabe. Pues si es esto verdad, es claro cuanta miseria tendrán los humanos. En balde se propondrán galardones a los buenos y tormentos a los malos, pues las obras que hicieren no serán de voluntad. Y dar premios a los buenos y tormentos a los malos, que parece ahora justo, será lo peor del mundo; pues al obrar mal o bien no fueron de voluntad, mas llevolos constreñidos la fuerza de lo futuro. Ni las virtudes y vicios serán tenidos en nada; mas los méritos de todos tendrán mucha confusión. También se sigue otro mal, que ningún crimen pensado puede ser más criminoso; que como la Providencia gobierne todas las cosas, ni tengamos libertad, todas nuestras malas obras se referirán a Dios, actor de todos los bienes, ni habrá por qué pedir ni esperar nada de Dios. ¿Para qué suplicará ninguno, ni esperará, pues la orden, que no tuerce, tiene trabadas las cosas que se pueden desear? Luego quedará perdida aquella conversación que hay entre Dios y los hombres y aquel cambio singular que es esperar y rogarle. Porque la gracia de Dios, que no tiene estimación, se merece recibir por precio de la humildad, si va junta con justicia, y este solo modo es con que pueden los humanos hablar con Nuestro Señor y llegarse a aquella luz que se llama inaccesible, antes que nada se impetre con oraciones devotas. Pues si la fuerza que tienen las cosas advenideras excluye la eficacia que las oraciones tienen, ¿qué remedio quedará para podernos juntar y conversar con aquel Sumo Pontífice de todo? Será cosa necesaria que todo el linaje humano (como anteriormente cantabas) ande suelto y desatado.

## METRO III

¿Quién puso diversidad
entre dos cosas probadas,
que siendo entrambas verdad,
providencia y libertad
rehúyan de ser juntadas?
O no tienen diferencia,
que bien se pueden juntar;
mas nuestra pequeña ciencia,
nuestra flaca experiencia
no las sabe conchavar.
¿Qué ansias tan desmedidas
nos fuerzan a estudiar
las verdades escondidas?
¿Si las tenemos sabidas,
qué queremos más mirar?
Mas si esto que queremos,
y procurando saber

de cierto no lo sabemos,
yo no sé cómo podemos
desear sin conocer.
    Pues aquel que anda a buscar
la verdad sin conocella,
¿cómo la podrá hallar?
¿Qué sabrá dó suele estar,
ni si la topa si es ella?
¿O si en tanto cuanto vimos
aquella luz divinal
todas las ciencias supimos,
aunque después las perdimos
en la cárcel corporal?
    Vimos en aquel estado
la suma con lo menudo:
lo menudo se ha olvidado:
hase la suma pegado
al juicio como engrudo.
Pues el hombre comedido
que estudia con diligencia,
nunca aprende lo sabido,
sino de lo conocido
en suma busca otra ciencia.

## PROSA IV

Ella, entonces, respondió:

FILOSOFÍA.-Esta cuestión que propones de la suma Providencia, muy antigua queja es, y disputada de Tulio partiendo las adivinanzas. Y aun tú con harto cuidado has penado mucho ha por saber lo cierto de ella, aunque nadie de vosotros ha hallado hasta ahora la verdad de esta materia. Y la causa principal de la oscuridad que tiene es el proceso que hace el humano entendimiento, que no se puede igualar a la simpleza que tiene la divina Providencia, y en pudiendo imaginarla nada quedará dudoso. Y para guiarte a lo cierto en esta dificultad, he primero de soltar las dudas que en ella tienes. Di: ¿por qué causa no apruebas por bastante la razón con que desatan algunos el nudo de esta cuestión, diciendo que porque piensan que la divina presciencia no pone necesidad a las cosas venideras no se impide la libertad que posee el albedrío? Que el argumento que traes diciendo que ha de venir por fuerza lo advenidero no tiene fuerza ninguna, sino porque es imposible no venir lo ya previsto. Pues si la ciencia divina no pone necesidad a las cosas venideras (como también tú dijiste), ¿por qué vendrán constreñidas a cierto acontecimiento las obras que procedieren de cualquier libre albedrío? Quiero poner un ejemplo, por que veas que se sigue. Presupongamos ahora que no haya Providencia; ¿las cosas que procedieren de cualquier libre querer vendrán de necesidad?

BOECIO.-No.

FILOSOFÍA.-Digamos que hay Providencia y que no fuerza a las cosas; quedará, a mi parecer, la voluntad de quien quiera en su entera libertad. Dirás que si la presciencia no pone necesidad a que venga lo futuro, a lo menos que es señal que de fuerza ha de venir. Pues si fuese como dices, aunque no hubiese presciencia, de necesidad vendrán las cosas que han de venir; porque cualquiera señal muestra la cosa que es, mas no le hace que sea. Y primero has de probar que todo venga forzado, para después afirmar que la suma Providencia sea señal que las cosas vengan constreñidamente. Mas si cesa esta fuerza, no será la Providencia señal de lo que no es. La verdadera probanza, que estriba sobre razón, no se prueba por señales ni extraños argumentos, sino por causas que sean muy propias y necesarias.

BOECIO.-¿Quién podrá, pues, estorbar que no venga lo que está previsto que ha de venir?

FILOSOFÍA.-Como si pensase yo que no hubiese de venir lo que conoce futuro la divina Providencia; antes afirmo que, aunque vanga, ninguna necesidad tiene de su natural. Y mira cuán fácilmente sentirás esto que digo. Muy muchas cosas se hacen delante de nuestros ojos, así como escaramuzas, justas o juegos de cañas y otras cosas semejantes. ¿Estas cosas son forzosas?

BOECIO.-No; porque si todas las cosas se moviesen constreñidas, ¿qué aprovecharía el arte?

FILOSOFÍA.-Pues las cosas que se hacen de gana, y no constreñidas, ellas, primero que sean, vendrán sin fuerza ninguna. Y así muchas cosas vienen cuya venida es muy libre. No pienso que dirá nadie que esto que ahora se hace, primero que aconteciese, no había de venir. Todo, pues, lo ya previsto tiene muy libre salida; porque como nuestra ciencia no pone necesidad a las cosas ya presentes, así la ciencia divina no la pone a las futuras. Dirás tú, que tienes duda, si las cosas que no tienen necesidad de venir pueden estar previstas, porque parece imposible, si ellas están previstas, no tener necesidad, o si no hay necesidad, parece no estar previstas porque nunca la presciencia conoce sino lo cierto. Porque si lo que es dudoso se supiese como cierto, esto no sería saber, mas opinión engañosa: porque saberse la cosa sino en la manera que es, muy fuera va de verdad. Es la causa de este engaño que las personas que saben piensan que aquello que entienden depende del natural de las cosas que se saben.' Es la verdad al revés porque cuanto se conoce nunca se alcanza en su fuerza o en el natural que tiene, mas según tiene el vigor aquel que lo comprende. Mira el ejemplo que pongo. La redondez de una esfera de otra manera la juzgan los ojos cuando la miran que las manos si la tocan. Estos primeros la ven desde lejos toda junta por los rayos visuales; esto otro pegado, junto, moviéndose alrededor, tocando parte tras parte. También en otra manera se conoce cualquier hombre con los sentidos de fuera, de otra con la fantasía, de otra con la razón, de otra lo entiende Dios. Los sentidos lo conocen con la figura que tiene trabada a aquella materia. Toma la imaginación la figura sin materia. El entendimiento deja la materia y la figura y mira sola la especie, que está en los particulares, con saber universal. Mas la suma inteligencia, que tiene el ver elevado, trasciende el universal y conoce claramente con muy puro entendimiento aquella forma muy simple. En lo cual has de mirar que la potencia más alta (cuanto a esto que es saber) incluye a la inferior; mas nunca la inferior puede alcanzar a la alta, porque el sentido no puede conocer sino materia, ni llega la fantasía a la especie universal, ni el entendimiento puede ver aquella forma simple. Mas el sumo entendimiento, que mira como de alto, por la forma que en sí tienen, conoce todas las cosas, de modo que comprende esta forma que dijimos, la cual ninguno conoce. Y así comprende en sí cuanto sabe la razón, la fantasía imagina y los sentidos conocen, no usando de discurso, ni fantasmas, ni sentidos; mas con un solo mirar de su puro entendimiento conoce todas las cosas. Y asimismo la razón, que mira el universal, no usando de sentidos ni de imaginación, comprende lo sensible y todo lo imaginable. Esta razón determina su concepto universal, diciendo que el hombre es animal que tiene seso y se mueve con dos pies. Y aunque este conocimiento sea puro racional, no hay persona que no sepa que esta cosa definida es sensible e imaginable, aunque este conocimiento ni es de la fantasía ni menos de los sentidos. Que aunque la imaginación tiene virtud de mirar y formar muchas figuras a causa de los sentidos, ella, quedando sin ellos, conoce lo ya sentido, no como lo sienten ellos, mas con fuerza imaginaria. ¿Miras que el conocimiento juzga así como conoce de su mismo natural, y no como el ser que tienen las cosas que se conocen? Y esto con mucha razón; porque como el sentenciar sea obra del que juzga, hase de perfeccionar lo que quienquiera hiciere de la virtud que él tuviere, no de la que le prestaren.

## METRO IV

Hubo en Atenas doctores
que afirmaban que el saber
era, que en nuestro entender
imprimían su parecer
las cosas exteriores,
como pinta el oficial
en la tabla la pintura,
o recibe la figura
de cualquiera criatura
un espejo de cristal.
    Pues si nuestro entendimiento
no hace, sino padece,
tomando lo que se ofrece,
¿cómo nunca le fallece
perfecto conocimiento?

Vémosle muy por entero
resolver lo ya sabido.
dividir lo muy unido,
juntar lo ya dividido,
elegir lo verdadero.
  Otra causa confesamos
ser más cierta y verdadera,
y es si la mira quien quiera,
que los objetos de fuera
nos mueven a que sepamos.
Despierta la experiencia,
al alma por el sentido,
y el concepto recibido,
comparado al ofrecido,
es causa de nueva ciencia.

## PROSA V

FILOSOFÍA.-Pues si vemos que en sentir estas cosas corporales, aunque informen objetadas las calidades de fuera los órganos sensuales y el sentido exterior preceda al entendimiento, y despertando las formas que tiene dentro de sí lo provoque a obrar, y de su propia virtud, sin sentir pasión alguna, siente la que pasa el cuerpo, cuanto más la inteligencia, muy libre de estas pasiones, diremos que nunca sigue lo que de fuera se objeta, sino que ejercita y obra el acto de su entender. Y a esta causa acontece que según son las sustancias así tienen diferentes modos de conocimiento. El animal que no tiene movimiento progresivo todo sentido le falta, si no solamente el taoto, así como son las conchas y otros peces semejantes, que viven y están pegados a las peñas en la mar. Los animales que tienen movimiento progresivo tienen imaginación y algún seso y apetito para seguir o huir lo conforme o repugnante. Los hombres tan solamente vemos que tienen razón, como Dios inteligencia. Pues aquel conocimiento tendrá ventaja a los otros, que de su naturaleza no solamente conoce su proporcionado objeto, mas aun todos los otros que conocen las potencias que le son inferiores. Pues si la imaginación y sentidos porfiasen contra la razón diciendo que el universal, que dice que ella conoce, no es nada, porque aquello que se siente y se puede imaginar nunca es universal, o será muy verdadero el dicho de la razón y no habrá cosa sensible, o pues por experiencia la fantasía y sentidos sienten que conocen muchas cosas sujetas a sí, afirmarán que es muy vano lo que entiende la razón, porque la cosa sensible conoce en universal. Pues si la razón responde diciendo que lo que es imaginable y sensible ella lo conoce junto en aquel universal, y que la imaginación y sentidos nunca alcanzan a ver lo que ella conoce, porque su conocimiento por jamás puede exceder de las formas corporales, y que se debe más fe en cualquier duda que hubiere al mayor conocimiento, nosotros, en quien se halla virtud para razonar y sentir e imaginar, ¿no era justo en este pleito sentenciar por la razón? Pues así, ni más ni menos, el entendimiento humano piensa que no sabe Dios las cosas que están futuras, sino como él las conoce. Arguyes de esta manera: Cualquier cosa que no tiene la venida necesaria, ninguna certeza tiene si ha de acontecer o no. Luego las cosas futuras no pueden estar previstas. Y si así como tenemos alguna ciencia y razón tuviésemos poderío de juzgar lo que Dios tiene, muy justa cosa sería que el entendimiento humano se sujetase al divino, como dijimos ser justo el sentido y fantasía sujetarse a la razón. Pues luego, si ser pudiese, alcemos el pensamiento para llegar a la cumbre del divino entendimiento, y allí verá la razón lo que en sí no puede ver: que es, que aunque todas las cosas no tengan en su venida forzosa necesidad, la divina Providencia las tiene siempre previstas, ciertas y determinadas. Y este ver no es opinión, sino ciencia verdadera, muy pura, suma, infinita.

## METRO V

Vemos que fueron creados
infinitos animales;
y aunque son diferenciados,
todos andan inclinados
a las cosas terrenales:
unos andan arrastrando
por tierra, piedras y peñas;
otros se mueven volando,
otros caminan andando
encorvados por las breñas.
Mas el linaje humanal
tiene alta la estatura,
porque aprenda cada cual
desechar lo terrenal,
y ordenarse a aquella altura:
pues será desventurado
el hombre descomedido,
que tiene el cuerpo elevado,
y el pensamiento pesado,
bajo la tierra metido.

## PROSA VI

FILOSOFÍA.-Y pues ha poco que dije que las cosas que se saben no se sienten como son, mas según la natural capacidad do se hallan, trabajemos de mirar cuanto la fuerza bastare, que tal es el ser de Dios, y de allí conoceremos cómo conoce las cosas. Todas las cosas que tienen entendimiento y razón afirman Dios ser eterno. Pues penemos por saber qué tal es la eternidad y así sabremos el ser y ciencia que tiene Dios. Decimos que eternidad es perfecta posesión de vida no terminada, que se halla toda junta. Y si esta eternidad comparamos con el tiempo, mejor la conoceremos; porque cuanto vive en tiempo, siendo presente, procede de lo pasado a futuro. Porque no hay ninguna cosa, si bajo del tiempo está, que posea juntamente el espacio de su vida; porque no tienen a mañana, ayer ya se le perdió. En esta vida presente, ¿quién vive sino un momento muy mudable y transitorio? Pues cualquier cosa que sigue la condición temporal, aunque sea (cual pensó Aristóteles ser el mundo) sin principio y sin fin, y su vida se dilate y dure tiempo infinito, nunca, empero, será tal que pueda ser infinita. Porque aunque tenga vida infinita en duración, no la tiene toda junta, pues no tiene lo futuro y le falta lo pasado. Pues lo que cumplidamente tuviere vida perfecta toda junta interminada, sin faltarle lo futuro y sin pasarse lo pasado, esto con mucha razón se podrá llamar eterno; y esto tal es necesario que se comprenda así, estando siempre en un ser, y teniéndose presente y tenga siempre delante el tiempo que nunca para por infinito que sea. Y así cuando algunos oyen que Platón determinó que este mundo nunca tuvo principio, ni tendrá fin, determinan ser eterno, ni más ni menos que Dios; y en esto están engañados, que una cosa es afirmar la cosa no tener fin, que Platón dice del mundo, otra cosa es abrazar junta y presencialmente toda la vida sin fin, lo cual es notoriamente muy propia cosa de Dios. Porque nadie ha de pensar que Dios sea más antiguo que todo cuanto crió por duración temporal, mas de su simple natura. Pues el proceso infinito de las, cosas temporales trabaja por imitar este presencial estado de la vida no mudable, y no pudiendo exprimirlo, ni menos representarlo, de no poderse tener, va a parar en movimiento. Y viendo que tiene falta de aquella simple presencia, bájase al infinito tiempo pasado y futuro. Y no pudiendo tener todo junto su durar, sigue en alguna manera lo que no puede imitar en nunca dejar de ser, y átase con la presencia de este mudable momento, que porque tiene figura de la presencia que está da a cuanto lo acompaña parecer que tiene ser. Y no pudiendo durar, toma camino infinito; y así vino a acontecer que las cosas de este mundo continuasen la vida andando, pues no pudieron haberla cumplido perseverando. Pues si queremos poner propios nombres a las cosas, según escribe Platón, diremos : Dios es eterno; el mundo, no, mas perpetuo. Y pues todo entendimiento juzga las cosas sujetas según su naturaleza, así como el ser de Dios es siempre eterno y presente, así la ciencia que tiene excede los movimientos que el tiempo suele tener, y en su muy simple presencia incluye la duración de lo pasado y futuro, por infinito que sea, y su puro entendimiento conoce todas las cosas como si ya se hiciesen. Así que si quieres mirar a la ciencia con que Dios conoce todas las cosas, no debes pensar que es presciencia de lo futuro, mas ciencia de lo presente. Ni la debes llamar presciencia, mas Providencia; porque estando muy subida sobre esto inferior, desde aquella cumbre alta acata todas las cosas. Pues, luego, ¿por qué porfías, diciendo que es necesario que venga lo que Dios sabe, pues sabes que nadie fuerza a que venga lo que ve? Estas cosas presentes, ¿hácelas ser necesarias tu vista cuando las mira?

BOECIO.-No.

FILOSOFÍA.-Pues si sufre la razón comparar en este caso a lo divino lo humano, así como veis vosotros en vuestro tiempo presente algunas cosas que pasan, así Dios las ve todas en su suma eternidad. Y así la ciencia divina no muda la propiedad y natura de las cosas, porque tales las conoce presentes, cuales serán cuando en el tiempo acontezcan. Ni confunde su saber la calidad de las cosas, porque con sólo con un mirar conoce lo venidero contingente o necesario. Así como si vosotros vieseis andar un hombre junto con salir el sol, aunque entrambas estas cosas juntamente aconteciesen, bien sabríais discernir que lo uno es necesario, lo otro de voluntad. Y así la ciencia divina, que mira todas las cosas, no las confunde ni trueca, siendo presentes a él, aunque futuras al tiempo; y este conocer de Dios no es opinión, sino ciencia muy perfecta y verdadera, con que sabe lo futuro y conoce que las cosas no vienen forzosamente. Arguyes ahora tú: Lo que Dios tiene previsto es de fuerza que acontezca; y si de fuerza acontece, nunca se podrá excusar, y así tendrásme estrechada con esta palabra fuerza. Confesaré lo que dices, pues es forzosa verdad, aunque apenas la verá sino quien especulare el divino entendimiento. Así que responderé que las cosas venideras, si fueren consideradas en la ciencia divina, es necesario que vengan; si fueren consideradas en su mismo natural, son absolutas y libres. Dos necesidades hay: una simple, como es necesario que fallezca cualquier persona del mundo; otra es condicional, que si sabes que anda alguno, ya es necesario que ande. Que si alguno sabe algo, no puede ser lo sabido sino así como se sabe; y esta postrer condición no trae tras sí la primera, porque esta necesidad no es forzosa de sí misma, sino de la condición que le ponemos a vueltas. Porque la necesidad no fuerza a nadie que ande, si se mueve de su gana, aunque entonces, cuando anda, es necesario que ande. Y así diremos acá que es necesario que sea cuanto Dios tiene presente, aunque las cosas que ve de su mismo natural no tengan necesidad.

BOECIO.-Sé que las cosas futuras, que solamente proceden de nuestro libre albedrío, ya Dios las tiene presentes.

FILOSOFÍA.-Verdad es; mas estas obras, si fueren consideradas en la ciencia divina, es necesario que vengan; mas si fueren referidas a su propio natural, y al principio, do proceden, nunca dejan de ser libres. Vienen, pues, todas las cosas que Dios conoce futuras, mas algunas de ellas salen de nuestro libre albedrío, que viniendo cuando fueren, no dejan su natural, y bien pudieran primero que vinieran no venir.

BOECIO.-Qué me da a mí que no vengan forzosas o necesarias, pues en sabiéndolas Dios vendrán corno si lo fuesen.

FILOSOFÍA.-Tienen esta diferencia, según que dije antes : como andar una persona o como salir el Sol; que en haciéndose estas cosas es imposible no ser, aunque muy antes que fuesen lo uno era necesario, lo otro vemos que no. Y así las cosas que Dios tiene presentes y mira, serán sin duda ninguna; mas unas son necesarias de su mismo natural, otras salen del querer de la personal que obra. Luego con mucha razón decimos que si las cosas se refieren al saber divino, son necesarias; si a su naturaleza, son absolutas y libres. Así como cuanto sientes, referido a los sentidos, es cosa particular, referido a la razón, le dices universal. Dirás: Si tengo libre poder de mudar lo que propuse, burlaré a la Providencia mudando lo que ella sabe. Respondo que bien podrás mudar lo que propusieres, mas porque la Providencia te tiene siempre presente y sabe que eres mudable, y en fin, si te mudaras, nunca podrás esconderte de la divina presciencia, como no podrás huir de los ojos que te miran, aunque de tu libertad hagas obras diferentes. ¿Pues qué quieres más decir? Dirás que con tus mudanzas mudarás lo que Dios sabe; porque mudando el querer harás que no sepa Dios lo que primero sabía.

BOECIO.-No diré yo tal palabra.

FILOSOFÍA.-La ciencia, pues, divina precede a todas las cosas y retuerce a la presencia de su puro entendimiento ni conoce cómo piensas unas cosas, después otras, que con un solo mirar abraza, mira y previene todas las cosas mudables; y este ver y comprender presencialmente las cosas nunca lo recibe de ellas, sino de su propio ser. Y así quedará muy clara la duda que se propuso: que no se podía decir que las cosas fuesen causa de la ciencia divina, porque ella, con abrazar presencialmente las cosas, pone modo a todas ellas, de ellas no tomando nada. Pues de aquí queda notorio que cualquier persona tiene muy libertado albedrío y que las leyes son justas, que dan pena y galardón a las voluntades libres de toda necesidad. Está, pues, Dios en el cielo mirando todas las cosas, y esta su vista presente y eterna siempre concurre con todo cuanto hacemos, y está siempre repartiendo galardones a los buenos y tormentos a los malos. Ni será vano enviar oraciones esperando en Dios, que, siendo ordenadas, nunca serán sin efecto. Resistid, pues, a los vicios; ejercitad las virtudes; elevad las voluntades con ordenada esperanza; enviad siempre a los cielos humildes suplicaciones; que si no disimuláis, muy grande necesidad tenéis en vos enxerida de daros siempre a virtud, pues vivís ante los ojos de aquel eterno Juez que mira todas las cosas.

# LA CRÍTICA LITERARIA

## TODO SOBRE LITERATURA CLÁSICA, RELIGIÓN, MITOLOGÍA, POESÍA, FILOSOFÍA...

La Crítica Literaria es la librería y distribuidor oficial de Ediciones Ibéricas, Clásicos Bergua y la Librería-Editorial Bergua fundada en 1927 por Juan Bautista Bergua, crítico literario y célebre autor de una gran colección de obras de la literatura clásica.

Nuestra pagina web, LaCriticaLiteraria.com, es el portal al mundo de la literatura clásica, la religión, la mitología, la poesía y la filosofía. Ofrecemos al lector libros de calidad de las editoriales más competentes.

### LEER LOS LIBROS GRATIS ONLINE
www.LaCriticaLiteraria.com

La Crítica Literaria no sólo esta dedicada a la venta de libros nacional e internacional, también permite al lector la oportunidad de leer la colección de Ediciones Ibéricas gratis online, acceso gratuito a mas que 100.000 páginas de estas obras literarias.

LaCriticaLiteraria.com ofrece al lector un importante fondo cultural y un mayor conocimiento de la literatura clásica universal con experto análisis y crítica. También permite leer y conocer nuestros libros antes del adquisición, y tener la facilidad de compra online en forma de libros tradicionales y libros digitales (ebooks).

### COLECCIÓN LA CRÍTICA LITERARIA

Nuestro nueva **"Colección La Crítica Literaria"** ofrece lo mejor de los clásicos y análisis de la literatura universal con traducciones, prólogos, resúmenes y anotaciones originales, fundamentales para el entendimiento de las obras mas importantes de la antigüedad.

Disfrute de su experiencia con nosotros.

**www.LaCriticaLiteraria.com**

www.ingramcontent.com/pod-product-compliance
Lightning Source LLC
LaVergne TN
LVHW091310080426
835510LV00007B/446